"미래를 예측하는 가장 좋은 방법은 미래를 창조하는 것이다." 피터 드러커가 남긴 이 말은 지금도 울림을 준다. 우리도 앞이 안 보이는 불확실성 속에 더 나은 미래를 찾고 있기 때문이다. 기후 위기, 안보 위기, 불평등 위기가 삶을 위협하는 때에 정치는 당장 미봉책을 제시하는 것 이상의 역할을 해야 한다.

오준호 기본소득당 공동대표의 이 책은 바로 그러한 정치의 역할을, 국가의 역할을 제시하고 있다. 윤석열 정부처럼 신자유주의 '야경 정부'로 퇴행해서는 기후 위기도 불평등도 해결할 수 없다. 저자는 대한민국 대전환의 사명을 가진 정부가 나서서, 탄소중립과 디지털 혁신에 '인내자본'을 투자하라고 제안한다. 또 그 성과를 국민에게 배당하라고 주장한다. 크게 공감하며, 이 제안에 '미래 투자 국가'라는 이름을 붙이고 싶다. 더 나은 미래를 원하면 우리가 그 미래에 투자하고 그것을 만들어내야 한다. 그 역할을 자임하는 정치를, 정부를 세워야 한다.

정치의 역할이 고작 '정쟁'으로 쪼그라든 시대에, 이 책은 정치 본연의 역할과 담대한 사명을 말한다. 책을 읽는 것으로도 용기가 난다. 그 용기로 변화를 일으키는 데 모두의 동참을 호소한다.

–**용혜인** 기본소득당 상임대표

오준호 기본소득당 공동대표는 사명이 있는 국가를 만들자고 제안하며 세 가지 사명을 제시한다. 그중에서도 중요한 건 인간이 문명을 만든 이후 가장 큰 위기인 기후 위기를 막는 것이다. 이 책은 기후 위기를 막기 위해 탄소중립을 2040년까지 달성하자고 한다. 이것은 우리나라 상황에서 인간을 달에 보내자는 것 못지않은 담대한 비전이다. 이를 실현하려면 막대한 예산이 들지만 탄소중립을 달성하지 못할 때 닥칠 피해에 비교하면 적은 금액이다. 탄소중립을 하려면 돈만으로 안 되고 땅도 있어야 한다. 이 책은 국토의 일정한 비율을 의무적으로 재생에너지 발전에 할당하는 정책도 제시하고 있다.

한편 이 책은 기본소득 운동에서 이뤄진 몇 가지 중요한 진전을 잘 반영한다. 첫째, 그동안 기본소득 논의에서 조세租稅형 기본소득이 중심이었는데, 이 책에서는 공유부共有富형 기본소득을 중요하게 다룬다. 둘째, 기본소득 국가는 돈만 주고 손을 놓는 최소 국가가 아니라, 사명 달성을 위하여 적극적 역할을 하는 국가임을 보여준다. 국가는 비전을 제시하고 최초 투자자이자 최대의 인내자본 제공자가 되어 기술혁신을 주도해야 한다. 셋째, 기본소득을 시대적 사명을 달성하기 위한 필수 도구로 제안한다. 정부가 시대적 사명에 따라 녹색전환에 투자하고, 동시에 공공 지분을 확보해서 공유부 배당의 재원을 마련한다. 이와 같이 시대적 사명 달성과 기본소득이 서로 선순환하도록 만들어야 한다.

이 책이 제시하는 것처럼, 사명이 있는 정부가 나서서 대전환의 사명을 완수하고 경제를 지속가능한 발전 경로에 올려놓기를 희망한다.

−**강남훈** 사단법인 기본사회 이사장, 한신대 경제학과 명예교수, 『기본소득의 경제학』 저자

온통 어두운 소식으로 가득한 시기다. 그런 가운데 『사명이 있는 나라』는 우리를 '기본소득'이라는 명료한 답이 있는 밝음으로 이끈다. 이 책은 공공성과 연대의 가치를 지향하는 국가가 나아가야 할 방향성을 여러 차원에서 탐구하며 가슴 뛰는 우리의 미래를 그려낸다. 또한 지금과 다른 사회와 삶을 꿈꿔보자고 제안하면서 이에 필요한 치밀한 설계도도 함께

제공하고 있다.

오준호 저자는 이 책에서 국가적 사명으로 녹색전환과 평생 배당이라는 과업을 제시한다. 그 사명이 평범한 개인에게 갖는 의미는, 오늘도 불안정한 일자리에서 하루하루 힘든 생활을 이어가는 사람들에게 자신의 가치를 실현하는 사회가 오리라는 것이다. 그 사회는 우리에게 새로운 노동과 삶의 패러다임을 경험하게 해줄 것이다. 이런 미지의 혁명이 이 책과 함께 더 일찍 도착하리라 확신한다.

–**이주희** 이화여대 사회학과 교수, 『차별하는 구조 차별받는 마음』 저자

이 책을 읽고 반성했다. 불안정해지는 일자리, 무너진 주거 사다리, 기후 위기를 넘어 기후 재난의 현실화, 전 세계 전례 없는 극단의 인구구조, 경제 번영의 토대였던 국제질서의 변화 등에 정치권의 대응은 미진하기만 했다. 이 답답한 현실에 균열이라도 내고자 개인적으로 '작지만 혁신적인 사례'들을 만들어 확산하자고 주장해왔다. 그런데 이 책은 거꾸로다. 우리 사회가 가야만 하는 방향을 향해 공동체의 역량을 모으고, 협동을 조직하며 인내자본을 만들어내는 '사명 지향 리더십 mission-oriented leadership'을 제시한다. 잊고 있던 진짜 중요한 것을 일깨워준 책이다.

–**윤형중** LAB2050 대표, 정책연구자, 『기본소득 시대』 공저자

사명이
있는
나라

사명이 있는 나라

미래를 위한 세 가지 키워드

녹색전환,
혁신국가,
평생배당

오준호 지음

미지북스

위기의 시대,
왜 '사명'이 중요한가

1

"이스터섬 주민은 섬에 남은 마지막 나무를 베면서 뭐라고 말했을까?"

인류학자 재러드 다이아몬드는 역작 『문명의 붕괴』에서 저렇게 질문한다. 거대 석상 '모아이'로 유명한 이스터섬은 현재 칠레 영토이지만 육지에서 3,500킬로미터나 떨어진 고립된 섬이다. 이스터섬 주민들은 어떤 이유에선지 모아이를 경쟁적으로 만들었다. 인류학적 가설에 의하면, 모아이를 옮기는 데 필요한 레일을 깔기 위해 주민들은 나무를 베었고, 이로 인해 숲이 사라지고 생태계가 황폐해지고 말았다.

다이아몬드는 그 최후의 벌목꾼도 '나는 내 할 일을 하고 있을 뿐'이라고 생각했을 거라고 말한다. 그 벌목꾼은 문명 붕괴의 한복판에 있으면서도 자기에게 주어진 일만, 그 일로 자기가 얻을 당장의 이익만 생각했을 수 있다. 이스터섬의 정확한 진실은 알 수 없지만, 우리는 어떤 문명이든 이러한 근시안적 선택이 누적된다면 몰락에 이를 거라고 충분히 짐작할 수 있다.

이 교훈은 기후 위기라는 커다란 도전에 직면한 인류에게도 해당된다. 기후 위기도 당장의 경제성장을 위해 화석연료를 거침없이 사용했던 근시안적 선택이 누적된 결과다. 이를 영국은행 총재였던 경제학자 마크 카니는 공유지의 비극에 빗대 '지평의 비극the tragedy of the horizon'이라고 불렀다. 지평은 곧 '시야'다. 현세대의 시야는 미래세대의 그것보다 근시안적이기 십상이다. 그래서 현세대는 미래세대의 여건을 상상하거나 배려하지 못하고 당장의 경제적 욕구를 좇아 행동한다. 그것이 미래세대는 물론 현세대의 여건까지 빠르게 악화시키는데도 말이다.

지평의 비극은 비단 기후 위기에만 국한되지 않는다. 세대 간의 문제만도 아니다. 국가나 공동체는 언제나 사회경제적 도전 과제에 맞닥뜨린다. 지정학적 불안, 불평등과 양극화, 저출생 고령화, 코로나19 같은 감염병 유행 등 도전 과제의 목록은 계속해서 추가된다. 문제는 각각의 공동체 구성원, 즉 개별 시민이나 기업이 스스로 합리적이라고 선택한 행동이 공동체의 장기적 이익을 해치는 결과로 이어질 수 있다는 점이다. 지평이 다를뿐더러 대체로 근시안적이기 때문이다.

그래서 국가가 나서야 한다. 지평의 비극을 넘어 사회경제적 도전에 대처하려면 말이다. 국가는 개별 구성원의 근시안에 갇히지 않고 공동체 전체의 비전을 가질 수 있는 주체다. 국가가 장기적 시야로 공동체의 방향과 과업을 제시하고 시민사회와 생산적인 협동을 조직해야만 거대한 도전을 헤쳐나갈 수 있다. 이것이 국가의 '사명 지향 리더십'이다. 이 리더십이야말로 역사적으로 정치공동체가 중대한 사회경제적 위기들을 극복해온 길이기도 하다.

오늘날 우리 앞에 놓인 거대한 사회경제적 도전에 맞서기 위해 국가가 '사명 지향 리더십'을 회복해야 한다는 것, 이것이 이 책에서 말하려는 내용이다.

사명 지향 리더십Mission-Oriented Leadership에서 '사명'은 곧 정치공동체가 가야만 하는 방향과 과업 그리고 목표를 뜻한다.

정치 지도자 또는 정부는 사명을 공동체 구성원에게 제시하고 설득해야 한다. 사명을 중심으로 공동체의 역량을 동원하고 협동을 조직해내야 한다. 문제를 해결할 기술적, 제도적 혁신도 필수다.

2

그런데 20세기 후반부터 국가의 사명 지향 리더십이 극도로 약화·해체되어왔다. 한국뿐 아니라 세계적 현상이다. 이 기간 신자유주의라는 이념이 득세하며 각국 정치·경제 엘리트들의 머리를 지배했고, 사회 전반에 스며들었다. 신자유주의 엘리트들은 국가가 그러한 리더십을 가지려고 해선 안 된다고 으름장을 놨고, 정부와 공공부문은 굴복했다.

그 엘리트들이 강요한 교리에 의하면, 정부는 민간보다 둔하고 비효율적이므로 혁신은 민간에 맡기고 뒤로 물러나야 했다. 신산업 개척이든 국민 복지 향상이든 국가가 직접 손대면 오히려 더 나빠지니 차라리 기존에 공공이 하던 일도 민영화·시장화하라고 했다.

신자유주의가 지배 이념으로 등극한 동안 국가는 차차 사명도 잃고, 사명을 향해 사회적 협동을 조직할 능력도 잃었다. 그런데 다시 시대가 바뀌었다. 계기는 2008년 글로벌 금융 위기다. 신자유주의 이론이 경제정책과 사회정책을 망쳤다는 반성이 선진국들 사이에 일어났다. 신자유주의를 따르며 정부와 공공부문의 역량을 축소한 결과 불평등이 심화됐고 혁신은 정체됐다는 문제 제기가 잇따랐다. 과거 정부 주도로 원천기술을 개발하고 자본주의의 황금기를 열었던 역사가 재조명되었다. 정부와 공공부문의 새로운 역할과 사명 지향 리더십이 주목받기 시작했다.

거대한 도전인 기후 위기에 맞서 녹색전환을 이루는 것이 '사명'으로 떠올랐다. 유럽연합과 미국에서 사명 지향 산업정책, 경제정책, 투자정책, 금융정책이 제안되고 또 채택됐다. 코로나19 대유행도 정부의 사명 지향 리더십을 요구했다.

각국 정부는 감염병 위기와 싸우는 동시에 과거의 무력했던 자신과도 싸웠다. 그동안 필수 재화의 생산 역량을 민간과 해외로 외주화한 까닭에 효율적인 보건정책을 실시할 수 없었던 것이다. 정부들은 얼마 전까지 정부 역할 바깥에 있다고 여겨지던 것들, 그러니까 마스크와 백신을 직접 조달하고, 병상을 확보하고, 재난지원금을 국민에게 지급하며 분투했다. 신자유주의가 강요한 '작은 정부, 최소 정부'의 시대는 갔다.

크고 강하고 유능한 정부가 소환됐다.

하지만 코로나19 감염병 유행조차 지나간 추억처럼 여겨질 정도로 우리 앞에 닥친 기후 위기, 글로벌 안보 위기, 불평등·양극화 위기는 심각하다. 이 어려운 도전에 직면한 우리 사회에는 사명 지향 리더십이 그 어느 때보다 필요하다. 그런데도 지금 한국에 사명을 가진 정부, 리더십, 협동은 전혀 보이질 않고 있다. 도리어 현 집권 세력이 잡은 방향은 그 리더십을 부정하고 기반을 해체하는 쪽이다. 대표적으로, 현 윤석열 정부의 중심 기조는 재정지출을 줄여 '건전재정'을 달성하는 것이다. 전례 없는 사회경제 위기에 전례 없는 지출을 결단해도 모자랄 판국에 정부가 돈줄을 죄겠다고 한다. 재정을 아끼면서 사명을 이룰 순 없다. 케이크를 손에 쥐고 있으면서 동시에 그것을 먹을 수는 없다.

그래서 이 책을 쓰기로 했다. 위기의 시대, 대한민국의 대전환을 이끌 사명 지향 리더십이 등장해야 한다고 설득하기 위해서다.

기후 위기, 글로벌 안보 위기, 불평등·양극화 위기는 구조적 위기다. 근시안적 미봉책으로는 결코 넘어설 수 없다. 경제와 산업의 구조, 혁신과 분배의 시스템을 발본적으로 검토하고 완전히 바꿔야 한다. 지평의 비극에 갇히지 않는 전망과 용기로 대전환을 이뤄내야 한다. 이 대전환의 과업을 개별 시민이나 민간기업에 맡겨놓을 수는 없다. 국가가 나서야 한다. 정부가 전환의 방향과 목표를 제시하고, 그 방향으로 '인내심 있는' 공공 자본을 장기 투자해서 경제의 운동장을 확 기울여야 한다. 그리하여 민간자본이 끌려오게 만들고, 경제를 재조직해야 한다.

정부가 그럴 의지가 없으면 어떻게 하느냐고 물을 수 있다. 하지만 정부에 의지를 부여하는 건 주권자인 국민이다. 이것이 과거의 일방적 정부 리더십과 다른 민주주의에서의 사명 지향 리더십이다. 따라서 나는 국민께 요청한다. 대한민국이 위기를 넘어서는 대전환의 과업을 달성하도록, 주권자인 국민이 그 의지를 표출해달라고 말이다. 국민이 정부에게 그리고 국회에 사명 지향 리더십을 바로 세우라고 명령해야 한다.

3

지난 20대 대선, 기본소득당 후보로서 나는 '전 국민 기본소득' 공약을 내걸고 국민에게 다가갔다. 공감과 지지를 많이 받았으나 "기본소득만 있으면 모든 문제가 해결된다는 거냐?"는 질문도 자주 들었다. 그때도 진심으로 전하고 싶었던 건 기본소득을 그 핵심으로 포함한 '대한민국 대전환 비전'이다. 그러나 충분히 전달한 것 같지 않다. 그래서 생각을 가다듬으며 책을 구상했고, '사명이 있는 나라 대한민국', 그 비전을 이 책에 담았다.

책은 두 파트로 구성했다. 첫째 파트에선 '사명이 있는 나라'의 비전, 그리고 우리가 반드시 이루어야 하는 세 가지 과업을 제안한다. 과업은 탈탄소 녹색전환, 글로벌 혁신국가, 전 국민 평생배당이다. 둘째 파트에선 그동안 기본소득당 계간지『인커밍』과 중기이코노미에 연재했던 기본소득 칼럼을 모았다. 기본소득이 왜 필요하며 어떤 놀라운 변화를 가져올지, 독자의 상상력을 자극할 수 있길 기대한다.

이 책이 국민 여러분의 마음을 움직이고, 국민이 국회와 정부를 움직이면, 그때부터 대한민국의 심장은 사명을 향해 힘차게 뛸 것이다. '백마 타고 오는 초인'은 다른 누군가가 아니다. 그것은 각성한 우리 자신이다. 그 초인을 기다리며 글을 내어놓는다.

2023년 8월

오준호

1부

사명이
있는
나라

역경을 헤치고
별을 향하여

일본의 수출규제에 맞서다

2019년 6월 일본 정부의 한 관계자는 자국 언론과 인터뷰하며 이렇게 말했다. "문재인 대통령은 너무 들떠 있다. 때가 되면 옥죄어줄 것이다."[1]

이 시기 한일 정부의 관계는 굉장히 험악했다. 2018년에 한국 대법원이 일제강점기에 강제 동원된 노동자에게 일본 기업이 배상하라고 최종 판결했기 때문이다. 일본 아베 정부는 거세게 반발했다. 삼권분립 원칙상 정부가 대법원 판결을 좌지우지할 수 없음에도 비난의 화살을 문재인 정부에 돌렸다. 한국 정부는 대법원 판결을 존중한다는 기조를 유지했고, 마침내 일본은 준비한 카드를 꺼냈다.

2019년 7월 1일, 일본 경제산업성은 한국을 '화이트리스트'에서 제외한다고 전격 발표했다. 그러면서 한국에 대한 화학 제품 수출을 엄격하게 관리하겠다고 밝혔다. 수출을 금지하진 않지만 규제를 훨씬 까다롭게 하겠다는 얘기였다. 화이트리스트^{white list}는 블랙리스트의 반대 개념으로, 국가 간 신뢰를 바탕으로 수출 관리 절차를 간소하게 해놓은 국가 목록을 뜻한다. 결국 화이트리스트 제외란 '저 나라는 믿을 수 없는 나라'라고 지목하는 것이었다.

일본은 한국에 수출한 물품이 무기 제조 등에 쓰일 가능성을 수출규제 이유로 들었다. 그러나 한국이 실제로 국제규약이나 협정을 어긴 증거는 제시하지 못했다. 수출규제 발표 이틀 후 세코 히로시게 일본 경제산업성 대신은 트위터에 한국이 "양국 간 우호 협력 관계에 반하는" 움직임을 보였고, "옛 한반도 출신 노동자 문제"에 대해 "만족할 만한 해결책을 제시하지 않아 신뢰 관계가 현저히 훼손됐다"고 썼다. 이처럼 한국의 화이트리스트 제외와 수출규제의 실제 이유는 징용노동자에게 배상하라는 판결 때문이었다. 무기 제조 가능성 따윈 평계였다.

일본 정부가 수출을 규제하기로 한 세 품목은 불화수소, 플로오린 폴리이미드, 포토레지스트였다. 모두 반도체 공정에 없으면 안 되는 필수 화학제품이었다. 일본의 의도는 수출규제를 무기로 한국 반도체산업을 타격하는 것이었다. 수출규제 조치의 충격은 컸다. 일본은 반도체 소재·부품·장비, 이른바 '소부장' 분야의 세계적 강국이며, 이 분야에서 한국은 일본으로부터의 수입에 크게 의존했다. 수출규제가 길어지면 중소기업은 생산을 멈춰야 해서 최악의 경우 줄도산할 수 있었고, 삼성전자나 SK하이닉스 등 대기업도 국제경쟁력 하락이 불 보듯 뻔했다.

한국 시민들은 아베 정부에 분노했다. 과거사를 부인하고 한국 대법원 판결까지 뒤집겠다는 일본에 대해 비난 여론이 폭발했다. 하지만 소부장산업 구조의 일본 의존은 '팩트'였다. 수출규제는 일본이 아주 정교하게 표적 발사한 미사일이었고 파괴력이 확실했다. 보수 언론과 보수 야당(자유한국당. 현 국민의힘)은 문재인 정부가 일본과의 관계를 제대로 관리하지 못해 위기를 불렀다고 비난했다. 일부 전문가들은 반도체산업의 고사枯死를 막으려면 일본과 협상해서라도 수출규제를 풀어야 한다고 주장했다.

일본의 조치에 대한 준비가 부족했던 건 사실이다. 문재인 정부는 고심했으나, 일본의 위협에 맞서기로 했다. 문재인 대통령은 일본의 수출규제를 "우리 정부에 대한 중대한 도전"으로 규정했다. 문 대통령은, 한국이 국제 수출 통제와 유엔 안보리결의를 모범적으로 준수하며 그 틀 안에서 남북 관계 발전과 한반도 평화를 위해 노력해왔고, 일본의 수출규제에는 어떠한 근거도 없다고 비판했다. 그러면서 "정부는 외교적 해결을 위해 모든 노력을 다하겠지만 기업이 이 상황을 자신감 있게 대응하도록 지원을 아끼지 않겠다"며 "우린 어떤 경우에도 이 상황을 극복할 것"이라는 의지를 밝혔다.[2]

문재인 정부는 소재·부품·장비의 국산화로 위기를 극복하겠다고 결정했다. 대통령 직속 '소재·부품·장비특별위원회'를 설치하고, 국회와 협력해 일본산 소부장 품목의 국산화를 지원하는 '소부장특별법'을 만들었다. 정부 재정에도 '소부장특별회계'를 마련하고 소부장 중소기업 육성을 위한 예산 10조 원을 편성하기로 했다. 소부장 국산화의 기존 목표를 과감하게 높였고, 기술 연구개발(R&D) 지원비도 늘렸다. '소부장 강소기업' 100곳을 정해 정부 보증 대출을 확대했고, 정부가 모태펀드를 출자해 '소부장 펀드'도 만들었다. 소부장산업

강국인 네덜란드의 사례를 참고해 대기업과 중소기업의 협력 체계도 강화했다.

결과가 나타났다. 일본에 거의 전적으로 의지하던 소재, 부품, 제조 장비의 상당 부분이 국산으로 대체됐다. 제품 수입선도 일본과 경쟁 관계인 네덜란드와 중국으로 다변화했다. 삼성전자와 SK하이닉스는 자회사에서 불화수소를 양산하기 시작했다. 2019~2022년 사이 불화수소의 일본 수입 비중은 44퍼센트에서 12.9퍼센트로 줄었다. 포토레지스트는 92퍼센트에서 76퍼센트로 감소했다. 반도체 100대 핵심 품목의 대일 의존도는 2018년 34.4퍼센트에서 2022년 24.9퍼센트로 줄었다[3](플루오린 폴리이미드는 국산화 성과가 상대적으로 미진했으나, 그래도 대일 의존도는 소폭 감소했다).

전화위복이었다. 일본의 수출규제는 도리어 한국이 소부장 국산화를 앞당기고 공급망 불안 요인을 줄이는 계기가 되었다. 한국 반도체산업을 흔들고 '한국 정부를 옥죄어' 자신들의 뜻을 관철하려고 한 일본의 기대는 무너졌다.

과거사 문제에서 시작한 일본의 수출규제는 우리 경제에 폭풍우를 몰고 온 위협이었다. 그러나 정부는 위협을 돌파하기로 선택하고 핵심 품목 국산화라는 목표를 제시했다. 목표

달성을 위해 정부는 임무를 정하고, 공적자금을 투입했으며, 정부 주도하에 역동적 민관협력체계를 조성했다. 기술개발에도 사활을 걸고 투자했다. 이 과정을 거쳐 한국 반도체산업의 경쟁력과 산업생태계는 더 튼튼해졌다. 한국과 일본의 1인당 국민소득은 수출규제가 시작된 2019년에 1만 달러 이상 차이가 났으나 2022년에는 고작 1,000달러 차이로 좁혀졌다.

일본의 수출규제에 정부가 무릎을 꿇었다면 어떻게 되었을까? 반도체 국산화는 늦어지고 대일 의존은 심화했을 것이다. 위협에 맞서기로 했더라도 그 과업을 민간기업보고 알아서 하라고 했다면, 대기업은 버텼을지라도 중소기업의 몰락은 피하기 힘들었을 것이다. 그와 함께 자연스레 반도체산업의 생태계는 위축되거나 대기업 독점이 강해졌을 것이다.

한국 정부는 다른 길을 선택했다. 정부가 야심찬 목표와 방향을 제시해 민관의 유기적 협력체계를 만들어내면서 초유의 위기를 극복해냈다. 정부와 기업과 국민이 하나의 사명을 향해 뭉쳤기에 불가능해 보이는 과업을 이룰 수 있었다. 우리는 '사명이 있는 나라'의 가능성을 보았다.

우리가 마주한 세 가지 도전

지금 우리는 2019년 일본의 수출규제보다 훨씬 크고 위협적인 도전과 마주했다. 기후 위기, 안보 위기, 사회경제 위기가 그것이다.

≫ 인간의 온실가스 배출이 일으킨 기후 위기

'기후변화에 관한 정부 간 협의체(IPCC)'는 2023년 3월 제 6차 평가·종합 보고서를 통해 기후 재앙을 막을 수 있는 시간이 빠르게 줄어들고 있다고 밝혔다. 2014년 제5차 보고서에선 산업화 이전 대비 평균온도가 1.5도 상승하는 시점을 2030~2050년 사이라고 보았으나, 제6차 보고서에선 그 시점을 현재~2040년 사이로 앞당긴 것이다. 그간 국제사회가 온실가스 배출을 줄이고자 취한 조치들이 상황을 개선하기에는 크게 부족했다는 뜻이다. 그러면서 지구온난화에 따른 극한 기상현상이 매년 기록을 갱신하고 있다. 장마와 폭염은 더 길어졌고, 폭우는 더 예측 불허이며, 슈퍼 가뭄과 대형 산불, 새로운 질병 출현이 더 잦아졌다.

기후 위기는 생태 위기인 동시에 경제 위기다. 기후 재난은 당연히 경제적 손실을 동반한다. 연구에 따르면 한국이 기후변화에 소극적으로 대응할 경우 2100년에는 연간 GDP 손실액이 1,300조 원에 이른다.[4] 또한 탄소중립 달성이 늦어지면 시장에서 큰 불이익을 당한다. 유럽연합, 미국 등 탄소중립 선도국가들은 탄소국경조정(CBAM)이란 이름의 '탄소 관세'를 도입하기로 했다. 기준치보다 탄소를 더 배출하며 생산한 제품을 역내로 들여올 때 '탄소인증서 구매'를 통해 비용을 치르게 하는 것이다. 글로벌 대기업들도 '재생에너지 100퍼센트'로 생산한 전기로만 제품을 만들자는 'RE100' 캠페인을 벌이고 있다. 국가든 기업이든 '탈탄소'에 뒤처지면 조만간 선진국 시장에 수출하기도, 글로벌 대기업에 납품하기도 힘들어진다. 수출 위주 경제로 발전해온 한국에 큰 위험이다.

≫ 미중 패권 경쟁에 따른 안보 위기

지난 30년간 미국의 압도적 국력에 의해 유지됐던 '탈냉전 세계화' 시대는 조화롭기만 한 시대는 결코 아니었다. 하지만 많은 개발도상국이 이 시기에 중견국으로 성장할 수 있었고, 일부는 선진국의 문턱을 넘었다. 중국을 포함한 거대 시장이 열리고 글로벌 생산 네트워크가 확대되었기에 가능한 일이었다. 한국도 이 시기에 개발도상국에서 첨단기술 강국으로 도약했다. 이런 발전의 배경이었던 탈냉전 세계화는 이젠 막을 내렸다. 미국의 단일 패권이 서서히 저물고, 중국이 새로운 대국이 되겠다는 야심을 공공연히 드러낸다. 그런 미래를 용납 않는 미국이 중국을 배제하는 글로벌 네트워크를 다시 짜기로 하면서 패권 경쟁이 격화하는 중이다.

미중 패권 경쟁은 곧 기술 패권 경쟁이다.[5] 첨단 반도체가 국방력을 비롯한 국가 핵심전략의 바탕이 되는 까닭에 두 나라의 다툼은 주로 반도체 공급망을 놓고 벌어진다. 미중이 자국 중심으로 첨단기술 공급망을 재편하려고 경쟁하면서 세계 다른 나라들도 처지가 매우 곤혹스럽다. 긴밀히 얽힌 글로벌 공급망의 성격상 쉽게 두 강대국 중 한쪽을 택하고 다른 쪽과 단절할 수 없는 상황이기 때문이다. 과거 냉전과 달리 미국과 중국은 서로 경제적으로 필요하기에 군사 충돌 같은 파국까지 가지 않을 거라는 기대가 많다. 그러나 기대는 기대일 뿐. 미중 패권 경쟁은 여러 지정학적 사안에 영향을 미칠 것이다. 여기에 중국-대만 위기, 남중국해 영토 분쟁, 나아가 남북한 관계까지 놓여 있다. 정세는 그 어느 때보다 한국의 지혜로운 전략을 요구한다.

≫ 깊어지는 한국의 사회경제 위기

코로나19 팬데믹을 지나며 소득과 자산의 불평등·양극화가 더 심해졌다. 특히 사회적 약자의 고용과 소득이 불안해졌다. 가계부채에 짓눌려 당장이라도 무너질 위기에 처한 가구도 크게 늘었다. 이런 상황은 팬데믹을 겪은 각국에서 공통적이긴 하지만 한국은 위기 양상이 훨씬 복잡하다. 저출생 고령화, 인구 감소, 청년 실업, 노인 빈곤, 쪼개진 노동시장, 세대 갈등과 젠더 갈등까지 겹쳐 있어서다. 위기의 원인과 결과가 뒤엉킨 채 악화하고 있다. 어디부터 손을 대야 할지 모를 막막한 지경이다.

확실한 건, 한국의 경제성장 전망이 어두워지면서 위기 현상이 더 급하게 터져나오고 있다는 점이다. 고도성장의 신화가 무색하게 한국의 경제성장률은 빠르게 떨어졌다. 한국을 바짝 추격하는 발전도상국들은 말할 것도 없고, 목표로 삼았던 선진경제와 비교해도 한국의 성장은 정체상태다. 어제보다 오늘이 낫고 오늘보다 내일이 낫다는, 현대 한국 사회를 지탱해온 믿음이 많은 국민의 마음에서 사라지고 있다. 그러면서 크고 작은 사회문제가 구조적 위기로 곪아간다. 한국 경제가 그동안 따랐던 성공 공식에 대한 성찰 그리고 새로운 방향 모색이 불가피하다. 특히 지난 30년간 소수 재벌대기업의 성장에만 기대었을 뿐 국가적 전략 마련에 소홀했음을 반성해야 한다.

이 위기들은 하나하나가 거대한 도전이다. 이 도전에 어떻게 대처할 것인가? 나는 '페르 아스페라 아드 아스트라PER ASPERA AD ASTRA!'라는 라틴 경구를 좋아하는데, '역경을 헤치고 별을 향하여!'라는 뜻이다. 역경을 헤쳐나가려면 우리가 닿으려는 '별'을 정해야 한다.

지금의 위기를 넘어 우리는 어떤 사회를 원하는가? 어떤 나라를 만들고자 하는가? 이 질문의 대답을 우리의 목표로 세우고, 그 목표 달성을 위한 과업을 선택해야 한다. 이는 곧 대한민국의 사명을 정하는 일이다.

우리는 대한민국이 지금까지 하던 대로 국제사회로부터 '기후깡패' 소리를 들으면서 단지 현세대를 위한 근시안적 성장을 회복하길 바라는가? 아니면 국제사회와의 탄소중립 약속을 당당히 지키고, 나아가 인류의 녹색미래를 선도하는 나라가 되기를 바라는가?

우리는 한국이 지금까지처럼 강대국의 패권 경쟁 사이에서 어떻게든 편을 잘 골라 눈치껏 생존하기를 원하는가? 아니면 대체할 수 없는 과학기술력과 그에 따른 글로벌 리더십을 확보해 강대국들을 중재하고 세계 평화를 지켜내는 나라가 되길 원하는가?

우리는 지금까지처럼 극소수 대기업에 특혜를 몰아주면서 그들의 성공이 낙수효과로 국민의 팍팍한 삶을 조금이라도 적셔주는 경제를 바라는가? 아니면 혁신과 분배가 선순환하며 불평등을 줄이는 경제를, 모두가 사회자산의 공동 주인이 되어 현세대는 물론이고 미래세대까지 혜택을 누리는 지속가능한 경제를 바라는가?

답은 분명하다. 우리는 그 답이 가리키는 과업을 해내야 한다. 결코 쉬운 일은 아니다. 그러나 해야 한다. 기후 활동가 그레타 툰베리의 말처럼, "최선을 다하는 것으로는 부족하다. 우리는 불가능해 보이는 일을 해내야만 한다".[6]

이 도전은 몇몇 천재 혁신가, 기업가 정신을 갖춘 스타트업, 시민사회의 자발적 노력에 맡겨서는 성공할 수 없다. 국가가 나서야 한다. 그냥 국가가 아니라 사명이 있는 국가, 곧 '사명 지향 리더십'을 갖춘 국가가 등장해야 한다. 그 국가의 정부는 우리가 반드시 달성해야 할 과업과 목표를 제시하고,

필요한 산업육성과 기술혁신에 과감한 자금 투자를 해야 한다. 그리하여 민관의 역동적 협력을 이끌어내야 한다. 위기의 경제와 사회를 구할 희망은 사명 있는 국가가 등장하느냐에 달렸다.

그 꿈, 이룰 수 없어도 / 싸움, 이길 수 없어도 / 슬픔, 견딜 수 없다 해도 / 길은 험하고 험해도 / 정의를 위해 싸우리라 / 사랑을 믿고 따르리라 / 잡을 수 없는 별일지라도 / 힘껏 팔을 뻗으리라

-뮤지컬《맨 오브 라만차》중 〈이룰 수 없는 꿈 impossible dream〉에서

사명이 있는 나라는
무엇을 할 수 있나

1980년대 로널드 레이건 미국 대통령은 세상에서 가장 무서운 말이 "나는 정부에서 당신을 돕기 위해 보낸 사람입니다"라고 한 적이 있다.[7] 레이건 대통령은 영국의 대처 총리와 함께 신자유주의를 앞세운 정치 지도자였다. 그는 정부를 가치 창출자가 아닌 가치에 기생하는 존재, 말썽쟁이 간섭꾼쯤으로 여기는 신자유주의 시각을 정직하게 드러냈다.

신자유주의 이론은 혁신과 가치 창출은 민간기업만 할 수 있다고 말한다. 신자유주의 이론에 의하면 정부의 역할은 시장이 원활하게 돌아가도록 보조하는 것에 제한되어야 한다. 왜냐하면 정부가 개입하면 좋은 일보다 나쁜 일이 더 많이 생기기 때문이다. 정부는 관료적이고, 혁신에 둔감하며, 이권에 잘 포획된다. 그러니 정부는 할 수 있는 한 많이, 역할과 기능을 시장으로 넘겨야 한다. 정부의 경제정책은 '경기장 평평하게 만들기'면 된다. 심판 노릇만 잘해라.

그러나 역사상 위대하고 중요한 기술혁신과 국가적 과업은 정부가 그 역할을 신자유주의 이론과 정반대로 잡았을 때 이루어졌다. '아폴로 프로젝트'가 대표적인 사례다. 한국의 경제개발 경험도 마찬가지다.

우리는 달에 가기로 했다

1962년 9월, 존 F. 케네디 미국 대통령은 텍사스주 휴스턴의 라이스대학에서 오늘날까지 기억되는 중요한 연설을 한다. "우리는 달에 가기로 했습니다We choose to go to the moon. 그것이 쉬운 일이라서가 아니라 매우 어려운 일이기 때문에 선택했습니다. 그 일은 우리의 역량과 기술의 최고봉을 조직하고 측량하는 일이고, 우리가 기꺼이 응하려는 도전이며, 다음 세대로 미루지 않고 지금 반드시 성공하길 바라는 도전이기에, 우리는 10년 안에 달에 가기로 했습니다."

한 해 전인 1961년 5월에 케네디 대통령은 의회에서 미국 정부가 달 착륙 계획에 착수했다고 밝혔다. 그는 이 일을 "인류가 지금껏 시도한 무엇보다 위험하고 험난하면서 동시에 위대한 모험"이라고 불렀다.

'아폴로 프로젝트'라고 명명한 최초의 인간 달 착륙 계획에 어떤 이들은 환호했지만 반대하는 이들도 많았다. 그들은 빈곤, 실업, 인종 차별, 계급 갈등 같은 문제가 미국에 산적해 있는데 달에 사람을 보내는 일에 돈을 써야 하느냐고 비판했다. 일리가 있었다. 케네디 대통령의 라이스대학 연설은 여러 다른 의견을 가진 국민을 설득하기 위함이었다.

미국이 아폴로 프로젝트를 추진한 배경엔 우주과학에서 냉전 상대인 소련에게 밀렸다는 위기감이 컸다. 소련은 1957년 세계 최초의 인공위성 스푸트니크호를 발사했고, 1961년에는 역시 세계 최초의 유인 우주선 보스토크 1호 발사에 성공했다. 미국은 자신감에 상처가 났고, 국가안보에 위협을 느꼈다. 소련을 일거에 따돌릴 '한 방'이 필요했다.

아폴로 프로젝트에 자존심을 건 미국은 온 국가적 혁신 역량을 조직해냈다. 민권운동과 베트남전쟁이 소용돌이치던 시대에도 프로젝트는 멈춤 없이 추진됐고, 결국 1969년 7월 21

일(미국 시간) 두 우주인 닐 암스트롱과 버즈 올드린은 달의 '고요의 바다'에 최초로 인간의 발자국을 찍었다.

이때 지구 반대편 한국에선 3만 명의 서울 시민이 남산 야외음악당에 모여 대형 스크린으로 아폴로 11호 우주선을 실은 새턴 5호 로켓의 발사 장면을 지켜봤다.[8] 당시 한국은 TV가 드물었던 가난한 나라였다. 그런 나라에서 달 로켓 발사 장면을 보러 그 인파가 모인 건 그만큼 아폴로 프로젝트가 사람들의 세계관을 흔들었음을 뜻한다.

여담으로, 아폴로는 그리스 신화에 나오는 태양신인데 왜 달 착륙 계획에 그 이름을 붙였을까? 달에 가는 프로젝트라면 달의 여신이자 아폴로의 쌍둥이 누이인 아르테미스의 이름을 따는 것이 더 어울리지 않을까?* 신화에서 태양신 아폴로는 명궁이기도 해서, '신의 활로 쏘아 맞히듯 머나먼 달에 우주선을 보내겠다'는 뜻으로 아폴로 프로젝트라고 지었다고 한다. 지구에서 38만 킬로미터 떨어진 달에 사람을 보내는 일은 신의 힘을 빌려야만 가능해 보이는 일이었다. 한편으론 공산주의 소련이 미국보다 앞서 개척하고 있는 '어둠의 우주'에

---

* 재밌게도, 현재 미국과 여러 나라가 함께 추진하는 유인 달 탐사 프로젝트의 이름은 '아르테미스'다.

(미국의 입장에서) 자유의 빛을 퍼트린다는 의미도 있었다고 한다.[9]

프로젝트 이름에 얽힌 진실이 무엇이든 아폴로 프로젝트의 의미는 거대하다. 아폴로 프로젝트는 사명감을 지닌 정부가 무얼 할 수 있는지 세계에 보여주었다. 달 착륙을 뜻하는 '문샷 moon shot'은 불가능을 향한 담대한 도전을 가리키는 말이 됐다.

원래 미국은 강대국이니까 가능했던 게 아닐까? 미국도 이 과업에 단일 프로젝트로는 유례가 없을 만큼 정부 재정을 쏟아부었다. 미국 정부는 아폴로 프로젝트를 수행하는 10년 동안 전체 정부 예산의 4퍼센트인 280억 달러(2020년 가치로 2,830억 달러. 약 360조 원*)를 썼다. 참여 인원은 프로젝트를 총괄한 미국항공우주국(NASA)부터 협력한 대학, 연구기관, 민간기업까지 40만 명을 넘어선다. 냉전이 이 프로젝트를 시작한 배경이지만, 프로젝트에 성공했을 때 인류의 시야와 지식은 지구 너머로 크게 확대됐다. 또한 프로젝트와 연관하여 수많은 과학기술적 혁신이 일어났다.

대표적인 혁신은 컴퓨터 소형화와 소프트웨어 개발이다.

---

* 이 책에서는 원달러환율을 편의상 1달러당 1,300원으로 계산했다.

1950년대 말까지 컴퓨터는 커다란 사무실 하나를 꽉 채울 정도로 크고 전기를 엄청나게 소비하는 매머드 장치였다. 엔지니어들은 달착륙선에 컴퓨터를 집어넣기 위해 소형화에 매달렸고, "혹등고래를 아르마딜로만큼" 줄이는 데 성공했다.[10] 추진로켓, 전자장비, 자동항법시스템, 생명유지장치, 무선통신장치, 소형 카메라, 물 정화장치 등이 최초로 개발되거나 기존 제품의 혁신을 거쳐 출현했다. 불에 잘 견디는 피복 소재도 주요 혁신 중 하나이다. 1967년 아폴로 1호 모의비행 중 화재로 우주비행사 세 명이 숨졌다. 지난한 연구 끝에 내연성 강한 소재를 얻었고, 이후 소방관 방화복에 적용되었다.

아폴로 프로젝트는 어떻게 성공할 수 있었는가? 『기업가형 국가』, 『가치의 모든 것』을 쓴 경제학자 마리아나 마추카토에 따르면, 아폴로 프로젝트의 성공 요인은 '비전과 목표를 가진 정부의 리더십', '장기적 계획하에 제공된 예산', '공공과 민간의 역동적 파트너십'이다. 아폴로 프로젝트의 교훈은, 정부는 먼저 목표를 정하고 조직과 시스템을 그에 맞춰 설계해야 한다는 것이다. 그 반대가 아니다. 아폴로 프로젝트는, 정부 역할은 '본래' 이러하니 그 안에 머물러야 한다거나, 예산은 '이만큼'이니 그 내에서만 쓰라는 고정관념에 도전했다. "정부에

돈이 얼마나 있고 그걸로 무엇을 할 수 있는가는 잘못된 질문
이다. 올바른 질문은 '무엇을 해야 하며, 목표를 달성하기 위
해 예산을 어떻게 조달할 것인가'이다."[11]

아폴로 프로젝트 외에도, 역사상 중요한 기술혁신의 상
당수는 정부가 투자부터 연구개발까지 주도해서 결실을 얻
었다. 인터넷은 핵전쟁으로 전화통신이 단절돼도 통신망을
유지하기 위해 미 국방부가 연구한 기술인 아르파넷[ARPAnet]
이 토대가 되었다. 월드와이드웹은 미 국방고등연구계획국
(DARPA)과 유럽입자물리연구소(CERN)가 초기 기술개발에
중요한 역할을 했다. GPS는 미 해군이 개발 자금을 지원했고,
아이폰의 시리는 DARPA가 지원해 개발한 기술을 바탕으로
탄생했다. 터치스크린 디스플레이 개발에는 최초 투자자로서
미 중앙정보국(CIA)의 역할이 컸다(역사상 CIA가 저지른 더러
운 임무들이 워낙 많아 이 정도로 칭찬하기는 어렵지만 말이다).

코로나19 백신 개발도 사명 지향 공공투자가 큰 기여를 했
다. 팬데믹 초기, 선진국 정부는 백신 개발에 공공자금을 대
규모 투자했다. 화이자·바이오엔텍 백신은 독일 정부가, 모더
나 백신은 미국 정부가 지원했고 생산 후 대량 구매까지 약속
했다(글로벌 백신 개발사들이 공공자금을 지원받아 개발한 백신을

빈국에는 매우 적은 양만 제공하고, 복제약 개발을 막은 점 등은 비판받아야 한다). 녹색기술은 또 어떤가. 독일이 재생에너지 분야에서 앞서갈 수 있었던 건 정부 소유의 독일재건은행(KfW)이 공격적으로 자금을 투입한 덕이다.

정부보다 기술혁신에 적극적일 거라는 통념과 달리 민간기업들은 장기적으로 많은 자금이 드는 신기술 개발을 주저한다. 아직 충분히 형성되지 않은 시장에 뛰어드는 일도 꺼려한다. 위험이 크기 때문이다. 이럴 때 정부투자는 위험을 공공이 떠안으면서 새로운 시장을 여는 마중물이 된다. 국가는 사명을 가진 투자자 또는 '인내자본patient capital' 구실을 함으로써 민간자본을 그 시장으로 끌어들이고, 혁신의 '스케일업scale-up'*을 이뤄낸다.

돼지털에서 디지털로 뛰어넘다

한국의 놀라운 경제발전과 기술 성장은 "돼지털에서 디지털로"라는 말로 요약된다. 정말로 1960년대 초까지 돼지털은

---

* 신기술이나 신생 기업을 충분히 안정적 수준까지 성장시키는 것을 말한다.

한국의 주력 수출 상품 중 하나였다. 재질이 좋아 서양인들이 옷솔, 구둣솔 재료로 즐겨 찾았다. 돼지털을 깎아 팔아야 했던 나라는 말할 것도 없이 가난했다. 한국전쟁 때 파괴된 전력망이 재건되지 않아 1960년대 초까지도 제한 송전을 했을 정도다.

2021년 7월 유엔무역개발회의(UNCTAD)는 한국의 지위를 개발도상국에서 선진국으로 공식 변경했다. 1964년 기관이 설립된 이래 개발도상국에서 선진국으로 지위 변경을 한 나라는 한국이 유일하다. 한국은 농업에서 경공업으로, 중화학공업으로, 디지털산업으로 산업고도화에 성공했기에 선진국이 될 수 있었다. 그런데 한국의 기술 성장 역사는 다른 개발도상국과 패턴이 다르다. 개발도상국들이 일반적으로 따르는 단계를 한국은 건너뛰며 성장했다.

국가 경제발전 과정을 설명하는 '상품공간이론'에 따르면, 발전을 시작한 나라는 A라는 상품을 만들어 팔다가 기술이 쌓이면 A와 연계가 있되 약간 더 복잡한 A′를 만들어 팔면서 성장해나간다. 처음엔 조야한 기술로 조야한 제품을 만들지만, 기술 수준을 한 단계씩 올리며 점차 고급 제품도 만들게 된다. 상품이 연결된 공간을 국가의 발전 궤도가 따라가는 것이다. 그런데 한국의 성장 과정은 상품공간이론으로 설명되지 않는다.[12] 이는 한국의 시대별 주요 수출 품목을 봐도 알수 있다.

연도	제품
1961년	철광석, 중석, 생사
1980년	의류, 철강판, 신발
2000년	반도체, 컴퓨터, 자동차
2015년	반도체, 자동차, 선박·해양 구조물&부품

●— 한국의 시대별 주요 수출 품목.[13]

한국의 성장 과정은 단절과 도약의 연속이었다. 1960년대 주요 수출 품목은 1차 원료였는데 20년 만에 경공업 생산물이 되고, 또 20년 뒤엔 반도체와 자동차로 건너뛰었다. 순차적 발전이 아니라 '단계 뛰어넘기' 방식으로 성장한 것이다. 단계 뛰어넘기 과정에선 한국 정부가 핵심 역할을 했다. 한국 민간기업은 20세기 말까지도 세계시장을 상대로 독자적 전략을 짤 수 있는 능력이 부족했다. 정부는 경제발전 국면마다 다음 단계에 세계시장에서 수요가 있을 기술을 선정하고, 개발 전략을 수립했으며, 민관협력체계를 조직했다.

중화학공업은 단계 뛰어넘기의 대표적 사례다. 1970년대

초, 아직 농업국가인 한국이 중화학공업을 시작하겠다고 하자 해외 전문가들은 대체로 이를 만류했다. 그들은 비교우위 전략에 따라 한국이 잘할 수 있는 산업에 집중하라고 조언했다.[14] 의류, 신발 등 경공업에 더 힘을 투여하라는 것이다. 그러나 한국 정부는 중화학공업을 차세대 성장 동력으로 정했다. 서구 국가에서 석유제품과 철강제품 수요가 꾸준히 늘 거라고 예측했기 때문이다. 서구 자본주의의 황금기였던 시대 상황을 검토하여 내린 결론이었다.

기술도 경험도 없이 있는 거라곤 공장 지을 땅뿐인 나라에서, 공장을 지으려면 외국인 직접투자 방식을 택하는 게 빨랐다. 하지만 한국 정부는 중화학공업 육성을 위해 직접 자본을 조달하기로 했다. 외국인 직접투자를 택하면 외국에서 돈과 기술을 가지고 들어오니 산업을 일으키기 쉽지만, 각종 특혜를 제공하고도 핵심기술을 전수받지 못하고 끝날 수 있었다. 한국 정부는 공장을 짓기 위해 해외자본(차관)을 빌렸다. 빚으로 인내자본을 제공한 셈이다. 1971년 현대미포조선이 최초로 대형 유조선 두 척을 건조하는 계약을 따냈다. 그러나 주문을 받고도 유조선을 만들 줄 몰라 선진국에 기술 연수를 다녀오는 우여곡절을 거쳐 1974년 첫 유조선을 건조해냈다.[15]

정부의 주도력에 힘입어 한국은 다른 개발도상국과 달리 경공업 단계에서 중공업 단계로 건너뛸 수 있었다(다만 이 시기 노동자와 농민들의 고통도 지적해야 한다. 권위주의 정부는 쌀값을 강제로 떨어뜨려 농민들을 농촌에서 내몰아 도시 노동자로 만들었다. 노동자에겐 저임금과 장시간 노동을 강요했다. 즉 한국의 경제적 도약에는 노동자와 농민의 땀과 눈물이 어려 있다. 이 역시 정당히 평가되어야 한다).

'첨단산업의 쌀'이라는 반도체산업도 주력산업으로 자라기까지 정부가 초창기 '농부' 구실을 했다. 한국 정부는 1982년 반도체산업을 중점 지원 분야로 정해, 매년 수십억 원씩 연구비를 지원했다. 그즈음 세계 반도체 시장은 미국이 지배하고 있었고 일본이 무섭게 따라붙는 중이었다. 미국 기업들은 일본과 경쟁하기 위해 저렴한 비용으로 조립 생산할 곳을 찾았는데 한국 정부가 미국 공장을 국내로 유치했다. 공장이 가동하면서는 기술도 이전받았다. 정부는 반도체 대량생산이 가능한 재벌기업에겐 서울에서 한 시간 이내 거리에 공장 설립을 허용하는 특혜를 제공했다. 이런 노력 위에 1984년 10월, 한국이 최초로 자체 설계한 반도체인 256킬로바이트 D램 생산이 시작되었다.

1980년대 말, 아날로그에서 디지털로 시대가 변하고 있었다. 아날로그 TV 분야에서 꽤 경쟁력을 확보한 한국 기업들은 디지털화에 그다지 적극적이지 않았다. 그런데 88서울올림픽 때 자극제가 있었다. 일본이 디지털 방식 고해상도 TV(HDTV) 시범 사업을 겸해 올림픽 중계방송을 했던 것이다. 한국 정부는 우리도 디지털 TV를 1990년대 말까지 상용화하자는 목표를 세우고 기업을 움직였다. 정부 연구기관, 대학, 민간기업을 묶어 'HDTV 공동개발위원회'도 발족시켰다. 삼성, 엘지, 현대, 대우전자 등 대기업을 망라한 초대형 연구 그룹이었다. 민관 합작으로 1,000억 원 이상의 자금도 조성하여 연구개발에 투입했다. 미국과 일본의 기술을 전수받기 위해 정부가 나서서 협상했다. 1993년, 디지털 TV 개발에 착수하고 5년 만에 시제품이 공개됐다. 1998년에는 삼성전자가 첫 번째 디지털 TV 제품을 출시했다.

이처럼 기술의 패러다임이 바뀔 때마다 한국 정부는 리더십을 발휘하고, 공공 자본을 제공해 단계 뛰어넘기를 이끌었다. 최초 투자자, 최초 수요자로서 정부의 역할이 없었다면 한국의 산업고도화는 불가능했다.

역사 경험의 교훈은 지금도 국가가 산업 전반에 감 놔라 배

놔라 일일이 간섭하자는 것이 아니다. 민간 역량이 전과 비교할 수 없을 만큼 성장했고, 민간의 주도성과 자율성을 보장하는 것도 중요하다. 역사가 말해주는 건 전환기에 국가가 해야 할 역할이다. 기후 위기, 미중 패권 경쟁과 같은 도전 과제는 대한민국이 뛰어넘어야 하는 새로운 단계, 아니 깎아지른 절벽이다. 이 절벽을 뛰어넘으려면 민간의 자율성과 창의성만큼이나 공공의 주도적 역할이 필요하다. 정부가 능동적으로 사명 지향 산업정책을 마련해야 하는 것이다.

그러나, 시대 흐름을 거스르고 있는 정부

취임 1주년 국무회의에서 윤석열 대통령은 거친 말을 쏟아냈다. "우리 정부는 이념적, 반시장적 정책을 정상화하고 시장원리를 존중하는 민간 주도 경제로 전환하는 데 주력했다." "과거 포퓰리즘과 이념에 사로잡힌 반시장적 경제정책을 자유시장경제에 기반한 시장 중심의 민간 주도 경제로 그 기조를 전환했다." "정부 첫 예산부터 2017년 이후 가장 낮은 증가율로 편성했다." "방만한 지출로 감내할 수 없는 빚을 미래세대에 떠넘기는 것은 미래세대에 대한 약탈이다."[16]

전임자와 차별성을 보이려는 듯 윤 대통령은 '반시장적 정책' '방만한 지출' '미래세대 약탈' 같은 단어를 써가며 문재인 정부를 격하게 비난했다. 당연히 전 정부의 정책은 비판적 평가의 대상이 될 수 있다. 그러나 중요한 건 방향이다. 윤석열 대통령의 말대로라면 미국과 일본, 유럽 주요 국가의 정부들은 죄다 반시장적 포퓰리즘 정부일 것이다. 한국은 코로나19 팬데믹 대응에 그 국가들과 비교해 돈을 가장 적게 쓴 축에 속한다. IMF에 따르면 GDP 대비 일반정부부채 비율은 2022년 한국이 54.3퍼센트, 선진국 평균은 123.1퍼센트다. 시대 상황이 각국에서 '큰 정부'를 불러냈다. 그러니 비난을 할 거면 세계 각국의 정부 지도자들을 몽땅 욕해야 맞다.

　윤석열 대통령의 발언은 주류경제학의 교리를 그대로 담고 있다. 그 교리는 이렇다. 하나, 정부투자는 시장에서 민간투자를 구축驅逐(몰아냄)하므로 자제해야 한다. 둘, 혁신은 민간기업이 잘할 수 있으니 정부는 '시장실패'가 일어났을 때만 개입하고 경기장을 평평하게 관리하는 데만 집중해야 한다. 셋, 세금은 민간의 경제 활력을 떨어뜨려 결과적으로 고용을 위축시키므로 세금 부담을 최소화해야 한다. 넷, 정부지출은 예산 내에서 이뤄져야 하고 부채 발행은 인플레이션을 일으키므로 자제해야 한다. 하지만 마리아나 마추카토, 마이클 제이 콥스 같은 일군의 경제학자들은 이런 교리를 정면으로 반박한다. 그들의 주장을 들어보자.[17]

정부의 사명 지향 투자는 민간투자를 구축하지 않으며 도리어 새 시장에 민간자본을 끌어들인다crowd-in. 지금 같은 경제 위기, 시장과 산업의 전환기에 단기 수익에 민감한 민간자본은 불확실성 때문에 투자를 꺼린다. 이럴 때 정부가 장기 '인내자본'을 투자해 혁신산업 초기의 위험을 감당해주면, 민간자본이 뒤따라 들어올 수 있다.

정부는 단순히 시장실패를 교정하는 데 머무르지 말고 시장을 창조해야 한다. 정부 역할은 경기장을 평평하게 고르는 것이 아니라 오히려 경기장을 충분히 기울이는 것이다. 즉 경제가 녹색전환과 같은 비전을 향하도록 만들고, 민간자본이 비전에 끌려오도록 해야 한다. 경제발전의 배후에 있는 힘은 언제나 기술 및 조직의 혁신에 대한 공공의 과감한 투자였다.

경제 활력을 떨어뜨리는 건 세금이 아니라 불평등이다. 노벨경제학상 수상자 조지프 스티글리츠는 불평등 감소에 비례해 경제성장 기간이 늘어난다고 주장한다.[18] IMF나 OECD도 불평등을 줄이는 재분배정책은 일반적으로 성장에 긍정적이라고 평가한다. 조세는 재분배의 탁월한 수단이다. 또 꾸준한 혁신을 위해선 노동력의 교육과 훈련, 아동 돌봄 등에 꾸준한 투자를 해야 한다. 조세는 그 재원이 된다.

비상시에 '건전재정' 기조에 얽매이는 건 어리석다. '달'은 경제를 지속가능하게 만드는 것인데 재정적자 관리라는 '손가락'만 쳐다보기 때문이다. 재정의 목적은 재정 그 자체의 관리일 수 없다. 재정은 경제가 사회적 공공선을 실현하게 만드는 수단일 뿐이다. 특히 불경기에 정부는 재정으로 경기를 떠받쳐야 하며, 재정건전성에 집착하면 경기가 더 추락한다. 국가가 빚을 내더라도 그걸로 생산을 촉발할 수 있으면 GDP 대비 정부부채로 나타나는 부채비율에는 별 문제가 생기지 않는다. 생산과 구매에 여력이 있는 한 정부지출이 인플레이션에 미칠 영향도 작다.

어떤 정부가 우리에게 필요한가

종합해보자. 우리에게 필요한 정부는 어떤 정부인가? 경제가 무너져내리는 데도 건전재정의 신기루를 좇아 헤매는 정부는 아니다. 민간기업의 자율성을 떠받들면서 스스로 '기업가 정신'을 갖추지 못한 정부도 아니다. 기후 위기의 위험이 커져가는데도 전환적 방향으로 경제를 재조직할 용기가 없는 정부는 더더욱 아니다. 우리에게 필요한 정부는 녹색전환이란 사명을 세워 국민을 진솔하게 설득하는 정부, 전례 없는 도전을 위해 전례 없는 대규모 재정을 조달할 용기가 있는 정부, 자본과 시장을 맹목적으로 섬기지 않고 그것을 공공선의 효율적인 도구로 쓸 줄 아는 지혜로운 정부다.

또 하나 중요한 것이 있다. 공공이 혁신 프로젝트에 투자해 기술개발에 성공하거나 상업화를 달성하면, 공공은 자신이 도와 창출한 가치에서 일정한 몫을 되돌려받아야 한다. 그것은 국민 모두의 몫이기 때문이다. 일반적으로 정부 보증 대출을 받아 사업에 성공해도 기업은 대출금만 반환하고 그 수익을 독차지했다. 위험은 사회화하고 보상은 사유화한 것이다. 반면 독일, 브라질, 중국, 핀란드는 국가투자은행이나 공공기금이 기업에 대출을 해줄 경우 그 기업의 주식 지분을 보유한다.[19] 기업이 성공을 거두면 자금을 댄 공공도 보상을 받는다. 사명 지향 투자를 실시할 땐 이처럼 공공투자와 기업 지분을 연계하는 '공유지분형 투자' 방식을 택할 필요가 있다. 위험과 보상을 모두 사회화할 때 포용적 성장이 가능하다.

경제학에는 단 한 종의 교과서만 있는 것이 아니다. 윤석열 대통령의 말에는 '주류경제학과 신자유주의 이론 말고는 사이비 이단'이라는 믿음이 강하게 깔려 있다. 하지만 그보다 사실에서 먼 믿음이 있을까?

윤 대통령이 자기 믿음을 되돌아봐야 하는 이유는 주요국 정부들의 정책만 봐도 차고 넘친다. 유럽연합의 '그린딜^{Green Deal}', 미국 바이든 행정부의 '인플레이션 감축법(IRA)'을 보라. 둘 다 기후 위기 대응이 절체절명의 과제라는 전제에서, 탄소중립을 조속히 달성하기 위해 막대한 정부지출을 통해 재생 가능 청정에너지 인프라를 확대하려는 계획이다. 미국은 IRA에 따라 10년간 재정 약 960조 원(7,400억 달러)을 편성하여 태양광·풍력 발전의 비중을 획기적으로 늘리고 보건·노동에도 투자한다. 유럽연합 그린딜은 2030년까지 온실가스를 1990년 대비 55퍼센트로 줄인다는 야심찬 계획을 담고 있으며, 재정 확보를 위해 '유럽 국부펀드^{Sovereign Wealth Fund}'를 조성하겠다고 한다.

미국과 유럽은 '횡재세' 도입 같은 증세 논의에도 적극적이다. 횡재세는 영어 이름(windfall tax)에서 알 수 있듯 '바람이 불어 떨어진 과일을 혼자 차지해선 안 된다'는 철학을 담은 세금이다. 우크라이나전쟁으로 화석연료 가격이 치솟아 초과이득, 곧 횡재를 취한 화석연료 기업은 이익의 일부를 사회에 환원하라는 것이다.

'시장 자유, 작은 정부, 감세, 건전재정'을 슬로건으로 걸던 정부들이 '산업정책, 큰 정부, 증세, 적극재정'의 새 슬로건을 흔들고 있다. 시대의 조류가 바뀌었다. 그런데 한국의 윤석열 정부만 거슬러 헤엄치고 있다. 제발 다른 방향을 보자고 호소하는 이들을 '반시장' '포퓰리즘' '약탈' 같은 단어로 위협한다.

윤석열 정부에게 호소하고 싶다. 시대가 요구하는 임무를 짊어져달라고. 하지만 끝내 그 임무를 받아들이지 않는다면, 국가의 재정 능력과 혁신 능력을 위축시켜 국가를 무능력하게 만든다면, 그래도 보고만 있어야 하는가? 그땐 국회가 나서야 한다. 국회가 나서서 사명이 있는 국가의 등장을 이끌어내야 한다.

행정부의 의지 없이 의회만으로 무얼 할 수 있느냐고?

2019년, 미국 트럼프 행정부 임기 중에 알렉산드라 오카시오 코르테스 민주당 뉴욕시 하원의원과 에드 마키 민주당 매사추세츠주 상원의원이 '그린뉴딜 결의안'을 제출했다. 연방정부가 향후 10년간 국가 자원을 동원하여 미국의 전력 수요 100퍼센트를 재생에너지 기반으로 전환하고, 녹색 일자리를 창출하며, 농업에 보조금을 지급해 탈탄소 전환을 이끌자는 담대한 구상이었다. 이후 결의안의 주요 내용은 민주당 바이든 대통령후보의 공약이 되었고, 바이든 행정부의 '더 나은 재건Build Back Better' 계획에 포함되었다. 트럼프 행정부가 무시할 게 뻔하다는 이유로 미국 민주당이 그린뉴딜 결의안을 제출하지 않았다면 제안이 새로운 대안으로 떠오르지 못했을 것이다. 아마 정권 교체도 불가능했을 것이다.

위기의 시대, 사회경제 전환의 과업을 즉각 시작해야 한다. 이 과업에 성공하면 우리 자신과 후손은 정의롭고 지속가능한 선진경제에서 살아갈 테고, 임무를 포기하면 선진국의 꿈을 뒤로한 채 침체의 늪에 빠질 것이다. 강하고 유능하며 사명을 가진 국가가 등장하거나, 무기력하고 무능력한 국가로 퇴행하거나. 그것이 우리 앞의 선택지다.

여기가 로도스다. 여기서 뛰어라!

−이솝우화 중에서

대전환을
시작하라

배를 만들고자 하면 사람들에게 나무를 구해오라고 시키지 말고 먼저 저 넓고 끝없는 바다에 대한 동경심을 이끌어내야 한다.

-생텍쥐페리

가장 중요한 건 비전이다. 케네디 대통령은 달에 사람을 보내겠다는 비전을 제시했다. 그 비전에서 아폴로 프로젝트가 시작됐다. 대한민국 대전환의 사명을 가진 정부와 의회는 먼저 지금까지 없던 담대한 비전을 제시해야 한다. 그 비전으로 국민의 마음을 움직여야 한다.

대한민국 대전환의 방향을 제안한다.

– 앞으로 10년간 전환 자금 1,000조 원을 마련해 전환에 투자
하자. 자금 조달을 국가가 주도하면서 민간도 참여하게 하자.
– 1,000조 원 가운데 600조 원으로는 '탈탄소 녹색전환'을 신
속하게 달성하자.
– 300조 원은 미래 선도 기술 개발에 투자해 '글로벌 혁신국
가'로 도약하자.
– 100조 원을 출발 자금으로 삼아 국민부펀드를 만들고 '온 국
민 평생배당 사회'를 열자.

녹색전환, 혁신국가 그리고 평생배당, 이 세 가지 과업을
중심으로 대한민국 대전환을 이뤄내자.

녹색전환을 향하여
≫ 탈탄소 안 하면 나라가 위험하다
"우리의 목표는 무엇인가? 온실가스 배출을 줄이는 것인
가, 아니면 지금과 같은 삶을 계속 이어갈 수 있는 여건을 만

드는 것인가? 현재와 미래를 위한 삶의 여건을 안전하게 지키는 게 목표인가, 아니면 대량소비의 생활방식을 계속 이어가는 게 목표인가?"[20]

그레타 툰베리의 말이다. 그 말처럼 기후 위기 시대를 사는 우리는 '온실가스 감축' 너머를 봐야 한다. 우리가 당연시했던 세계, 곧 자원은 무한하며 성장은 영원하다는 가정에 바탕을 둔 세계는 더 이상 지속될 수 없다. 우리는 산업과 생활을 생태적으로 지속가능하고 사회적으로 정의로운 방향으로 재편해야 한다. 그것이 녹색전환이다.

수십 년간 많은 과학자, 운동가들의 노력 덕에 국제사회는 '탈탄소 녹색전환'이 옳은 방향이라는 데 합의했다. 합의된 목표는 분명하다. 지구 평균온도가 산업화 시기 대비 1.5도 이상 올라가지 않도록 국가들은 2050년까지 탄소중립을 달성해야 한다. 글로벌 차원에서 매년 최소 7퍼센트씩 온실가스를 줄여야 하며, 한국 등 선진국은 더 많은 감축 책무를 진다. 유엔 기후정상회의(기후변화협약 당사국총회)는 각국 정부에게 탄소 배출량과 경제 능력에 걸맞은 책임을 촉구하고 그 이행을 점검한다. 문재인 정부도 국제사회의 요청을 존중해 한국의 책임을 높였다. 한국은 2030년까지 2018년 온실가스 배출량 대비 40퍼센트를 감축하기로 했다(물론 국제사회의 요구에 비하면 불충분하다).

선진국들은 이 전환을 기후 파국을 피하기 위한 불가피한 선택으로 보고, 차라리 전환을 선도하는 데서 경쟁력을 가지려고 한다. 독일의 속도가 빠르다. 독일은 전통적으로 석탄산업 강국이었지만 과감한 투자를 통해 지금 재생에너지 비중을 OECD 평균보다 높은 46퍼센트로 끌어올렸다(한국은? 재생에너지만 보면 5퍼센트, '신재생에너지'로 넓히면 7퍼센트다). 독일은 2045년까지 탄소중립을 이룬다는 목표를 선언했고, 재생에너지의 발전 비중을 2035년엔 100퍼센트로 높이겠다고 한다. 또 '육상풍력발전법'을 제정해 10년간 추가로 국토의 2퍼센트를 풍력발전 부지로 확보하기로 하고 지방정부와 시정부에 부지 제공 의무를 할당했다.

미국도 2035년까지 전력 부문 탈탄소를 목표로 정했고, 재생에너지 발전설비를 성큼성큼 늘려가는 한편 전기차 보급도 박차를 가하고 있다. 중국은 내뿜는 온실가스도 세계적이지만 재생에너지 확대 속도도 놀랍다. 재생에너지 발전 용량 세계 1위가 중국이다.

탄소중립 의지가 강한 나라들은 '무임승차자' 처벌에도 강경하다. 온실가스 비용을 제대로 지불하지 않은 나라들이 시장에서 이득을 보는 일을 막겠다는 것이다. 그 의지가 드러난 것이 유럽연합이 2026년부터 시작하는 탄소국경조정(CBAM)이다. 사실상의 '탄소 관세'를 철강, 시멘트, 비료, 알루미늄, 전력, 수소 제품 등에 부과하고 2030년까지 그 대상을 전체 품목으로 확대할 계획이다. 생산과정에서 탄소 배출이 많은 제품은 유럽 시장 진입 시 탄소 가격을 추가로 지불해야 하니 가격경쟁력이 떨어진다. 우리나라 철강 수출 물량의 11퍼센트가 유럽으로 향하니, 탄소 배출을 못 줄이면 수출에 타격을 입을 수밖에 없다. 미국도 곧 탄소국경조정을 실시할 계획이다.

글로벌 기업들의 캠페인인 RE100은 더 강력하다. RE100 회원 기업은 2030년까지 생산과정에 드는 에너지를 60퍼센트 이상 재생에너지로 해결하고, 2050년까지 100퍼센트 해결에 도달해야 한다. 현재 400여 글로벌 기업이 참여하고 있는데, 이 기업들과 거래하려는 기업 역시 RE100 기준에 맞춰야 한다. 즉 RE100 회원인 인텔에 반도체를 판매하려면 삼성전자도 100퍼센트 재생에너지 기반의 생산 체제로 전환해야 한다. 하지만 한국의 한 해 재생에너지 생산량은 삼성전자 한 곳이 쓰기도 모자란다. 재생에너지를 늘리더라도 지금 추세

로 엉금엉금 늘려서는 2030년에 한국 기업의 수요 절반도 채우지 못한다.[21]

가장 매운 맛은 2022년 말 G7 국가들이 창설하기로 합의한 '기후클럽Climate Club'일 것이다. 이 개념은 2018년 노벨경제학상 수상자인 윌리엄 노드하우스가 제안했다. 기후클럽은 온실가스 감축 의무를 다하는 국가끼리만 자유무역을 하도록 하는 체제다. 비회원 국가는 높은 관세를 물어야만 교역에 참여할 수 있다. 무임승차를 어렵게 만들어, 기후클럽 가입을 위해서라도 탄소 배출을 줄이게 만들자는 취지다.

이상의 '기후 무역 체제'는 선진국들이 나서서 주도하는 만큼 곧 현실이 될 것이다. 이런 상황에서 윤석열 정부의 선택은 크게 우려스럽다. 세계 각국이 가는 길과 정반대로 가고 있다. 문재인 정부는 2030년 전원별 발전량에서 신재생에너지의 비중을 30퍼센트로 올리는 것을 목표로 세웠다. 윤석열 정부는 이를 21.6퍼센트로 깎았고, 그만큼 원자력에너지의 비중 목표를 늘렸다. 윤석열 정부는 전 정부가 국제사회에 약속한 온실가스감축목표를 지킨다고 하면서도 놀라운 '꼼수'를 부렸다. 현 정부 임기(~2027년)엔 목표량의 4분의 1만 감축하고, 나머지 감축량은 임기 후(2028~2030년)로 떠넘긴 것이다.

현 정부에선 매년 1,000만 톤 정도 완만하게 줄이다가 차기 정부에서 1년에 1억 톤씩 미친 듯 줄여나가는 시나리오다. 이건 한국이 탄소중립 의지가 없다고 국제사회에 말하는 거나 다름없다.

윤석열 정부는 원자력에너지 생산을 늘려 탄소중립을 하겠다지만 실현 불가능한 이야기다. 원자력에너지는 RE100이 인정하는 청정에너지에 포함되지 않는다. 정부가 원전을 고집할수록 한국 기업들은 글로벌 경제에서 퇴출되든지 아니면 재생에너지 기반이 잘 갖춰진 국가로 생산시설을 이전해야 한다. 윤석열 정부의 '원전 올인' 기조는 나라 경제에 매우 위험하다.

유럽연합의 그린택소노미green taxonomy, 곧 녹색에너지 분류 체계에 원자력에너지가 포함되긴 한다. 즉 원자력에너지로 만든 제품도 저탄소 제품으로 본다. 하지만 여기엔 엄격한 조건이 있다. 그 나라가 안전한 저준위·중준위 방사성폐기물처리장을 갖춰야 하고, 서둘러 고준위방사성폐기물처리장도 마련해야 한다. 사실 고준위방사성폐기물처리장은 세계 어디에도 운영되고 있지 않다. 딱 한 군데 핀란드가 인구가 적은 지역에 지하 500미터를 파고 만들고 있다. 한국은 저준위방사성폐기물처리장도 짓기까지 엄청난 사회적 갈등을 겪었다. 부지 선정이 주민 반대로 몇 번이나 뒤집혔다. 그런데 고준위 방사성폐기물처리장을 만드는 걸 낙관할 수 있을까?

선진국 가운데 재생에너지의 약점인 기상 조건에 따른 변동성 때문에 원전의 보조적 필요성을 인정하는 경우는 있다. 그러나 어디까지나 재생에너지를 주 전원으로 삼기로 한 가운데 인정한다. 재생에너지가 주 전원이 되고 분산 전력망이 갖춰지면 한 곳의 날씨가 어떻든 전체 전력망은 안정성을 갖는다. 그때엔 원전이 정전의 가장 큰 단일 위험 요인이 된다.

재생에너지와의 가격 경쟁에서도 원전은 점점 상대가 안 된다. 한국은 재생에너지 비중이 낮아 태양광발전 가격이 상대적으로 비싸다. 하지만 국제 평균으론 태양광 가격을 100원으로 잡을 때 원전은 166원, 석탄은 179원이다.[22] 이미 게임이 끝났다. 석탄화력은 물론 원전도 조만간 좌초자산이 된다. 한국은 석탄, 원전, 가스 등 전통적 에너지원 비중이 OECD 국가 중 가장 높은 나라이다. 세계적인 석학 제러미 리프킨이 한국은 좌초자산이 너무 많다고 우려할 정도다.[23]

≫ 2040 탄소중립을 선언하자

공자는 "군자정이불량君子貞而不諒"이라고 했다.[24] '군자는 지조가 있되 완고하지 않다'는 말이다. 생각을 바꾸고, 과감해지자. 농업국가에서 산업국가로, 디지털국가로 변신하며 세상을 놀라게 한 대한민국이다. 녹색국가로도 충분히 도약할 수 있다.

세계 각국은 재생에너지 기술력과 기술 표준을 선점하려고 바삐 뛰고 있다. 독일이 앞서가고, 미국과 일본과 유럽 각국이 뒤따르며, 심지어 중국도 우리보다 앞섰다. 우리로선 2050 탄소중립 달성이라는 국제사회의 목표에 맞추는 것도 쉽지 않다. 그러나 기왕 도전하는 거라면 마음먹고 독일과 비슷한 속도로 달려보자. 재생에너지의 기술혁신을 선도하는 나라가 되자.

목표를 정하자. 국가 탄소중립을 2040년까지 달성하자. 기존 목표인 2050년에서 확 앞당기자. 2030년대 중반까지 전력, 운송, 난방 부문에서 먼저 탈탄소화를 완료하자. 그래서 모든 기업이 RE100을 선언하도록 만들자. 2030년대 말까지 산업부문도 탈탄소화를 끝내자. 2040년, 에너지 자립을 선언하자.

국가 탄소중립 목표를 앞당기자고 하는 이유는 인류의 미래를 생각할 때 그게 옳기 때문이다. IPCC 제6차 평가·종합 보고서는 지구 평균온도가 1.5도 상승하는 예상 시점을 제5차 보고서보다 10여 년 앞당겼다. 늦어도 2040년대에 그 시점이 온다는 것이다. 국제사회의 온실가스 감축 노력이 기대에 못 미쳤다는 얘기다. 인류 차원의 사명은 더 급진적으로 탄소를 줄여나가는 것이다. 이를 우선에 두고 우리의 과업을 정하는 것이 선도자의 자세다.

'석유 한 방울 안 나는 나라'인 건 어찌할 수 없는 일이었다. 하지만 햇빛과 바람의 나라로 변신하는 건 우리에게 달렸다. 우리나라에서 화석에너지는 아예 생산이 불가능하지만 재생에너지는 다소 여건이 불리하더라도 얼마든지 생산 가능하다. 일각에선 우리나라는 재생에너지 자원이 부족하다고 한다. 그럼 우리보다 고위도 지역에 있어 일조량이 더 적은 독일은 어떻게 재생에너지 강국이 되었는가? 결국 국가 의지에 달린 문제다. 왜 오스테드, 베스타스 같은 굴지의 해외 풍력발전회사들이 한국에 진출하려고 하겠는가? 삼면이 바다인 한국은 바람이 많아 해상풍력발전에 적합하기 때문이다.

국토 면적이 좁아 재생에너지 설비를 세우기 힘들다고도 한다. 태양광·풍력 설비를 탄소중립에 필요한 규모로 설치하는 데 국토의 3.5~4퍼센트 정도가 필요하다. 농지 면적이 국토의 18퍼센트인데 곡물자급률이 19퍼센트 정도인 것과 비교하면, 4퍼센트 면적을 써서 에너지 자립을 이룰 수만 있다면 가성비가 충분하다.[25] 또한 발전기를 바다에 설치하고, 기술혁신으로 발전효율을 개선하며, 건물 벽면과 유리창에 부착하는 '박막형' 전지를 보급하면 육지 면적을 덜 쓸 수 있다.

2040년 탄소중립을 하려면 크게 두 개의 과업을 달성해야 한다. 첫째, 전기를 전부 탄소중립 전기로 바꿔야 한다. 태양광, 풍력, 수력 등 재생에너지를 중심으로 일부 신에너지를 합쳐 에너지원 100퍼센트 도달을 목표로 한다. 석탄화력과 원전의 위상은 보조 전원으로 축소하고 조속히 가동을 중단시킨다. 재생에너지의 불안정성을 우려하는 목소리가 있지만 근본적인 이유는 발전 용량이 적고 특정 지역에 몰려 있어 생기는 문제다. 용량을 늘리고 전국화하면 자연히 안정성이 커진다.

둘째, 운송과 난방 부문을 '전기화'해야 한다. 운송 부문에서 전기차로 내연기관차를 대체해 휘발유와 경유 사용을 없애고, 취사와 난방에서 인덕션과 전기히트펌프로 가스레인지와 가스보일러 사용을 없앤다. 가천대 에너지IT학과 홍준희 교수의 연구에 의하면, 재생에너지 발전으로 전력 공급을 탈탄소화하고 그 전기로 운송·난방 부문의 화석연료 사용을 대체하면, 선진경제에선 온실가스 배출량을 2015년 대비 70퍼센트 줄일 수 있다.[26] 여기에 다른 부문의 온실가스 배출을 적절히 줄이면 탄소중립이 가능하다.

녹색전환을 향한 10년 계획을 선포하고 태양광·풍력 발전 설비, 에너지저장장치(ESS), 송배전망(그리드)을 전국에 설치해나가자. 독일의 예처럼 지자체(지방자치단체)마다 재생에너지 발전 부지를 의무 제공하도록 만들 필요도 있다. 특히 대도시가 발전 부지를 마련하는 데 더 적극적으로 동참하게 해야 한다. 재생에너지 사업이 농지나 산지를 훼손한다고 비판하는 목소리는 경청해야 한다. 하지만 농지나 산지를 빼면 도시 모든 건물에 태양광을 설치해도 탄소중립에 필요한 재생에너지 발전량을 채우기 힘든 현실도 고려해야 한다.[27] 과업의 긴급성과 정의로움 사이에서 균형을 잘 맞추자.

전력 탄소중립에 필요한 재생에너지 발전 용량은 일단 태양광 500GW, 풍력 100GW, 합해서 600GW로 잡자. 2050 국가 탄소중립 목표에서 RE70을 하는 데 필요한 규모이지만, 기술혁신으로 발전 방식과 배터리 저장 방식을 개선하면

RE100도 달성 가능할 것이다. 정부는 사명 지향적으로 과업을 주도하고 기술혁신에 자금을 투자해야 한다. 과업을 담당할 강력한 공적 기관도 필요하다. 흩어진 발전공기업을 통합해 '나사(NASA)' 같은 임무 수행 조직으로 만드는 것을 검토해봐야 한다.[28]

그렇다면 전력의 탈탄소화, 곧 100퍼센트 재생에너지 기반의 전기 체제로 전환하는 데는 얼마의 재정이 들까? 참고할 자료가 있다. 미국 리싱크엑스연구소^{RethinkX}에서 미국 몇 개 주를 대상으로 골라 RE100 달성을 목표로 10년간 충분한 태양광, 풍력, 배터리를 설치할 경우 드는 비용을 산정했다. 한국과 연간 전력 사용량이 비슷한 텍사스주의 사례를 보면, 태양광·풍력 설비를 400GW 규모로 설치할 때 전력 부문 탄소중립을 달성하면서 사무용 건물의 냉난방 수요까지 해결할 수 있다. 이때 투자비는 1,970억 달러(약 250조 원)다. 전력망 효율 개선 등을 전제하지 않고 넉넉하게 추정한 수치다.

이를 한국 사정에 대입해 계산한 연구에 의하면 투자비는 약 500조 원이다. 태양광·풍력 발전설비를 600GW 용량으로 설치하고 배터리를 확충하는 데 드는 비용이다. 한국의 재생에너지 균등화 발전비용이 미국의 2배이고 텍사스보다 재생에너지 자원이 부족한 점을 감안해 계산했다. 500조 원이면 전력 부문 100퍼센트 탈탄소화를 실현할 수 있다.[29]

여기에 100조 원을 추가 투자해 운송과 난방의 전기화까지 이루면 경제의 탈탄소화는 더 빨라진다. 이 돈으로는 전기차 전환, 대중교통 확대, 주택의 그린 리모델링, 가정용 전기히트펌프 보급 등을 지원한다. 전기히트펌프는 전기에너지로 열을 이동시켜 냉난방을 하는 장치로, 석유·가스 보일러의 대안이다. 정부는 가구가 탈탄소화에 필요한 선택을 할 수 있도록 보조금을 주거나 대출을 제공해줘야 한다. 선택을 개인에게 맡겨두면 당장 여력이 없는 대다수는 그 일을 할 수 없다. 18세기 영국 해군이 선원들의 괴혈병 사망을 막으려고 비타민C가 풍부한 라임을 섞은 음료를 제공한 것처럼, 결과적으로 개인에게 좋지만 자율로 두면 당장 택하기 힘든 일엔 정부가 물꼬를 열어줘야 한다.[30]

탄소중립 비용을 추산하는 다른 근거도 있다. 스티글리츠에 의하면, 파리기후협약에 따라 기온 상승 2도 이하를 유지하는 데 필요한 연간 투자 규모는 선진국의 경우 매년 GDP의 3퍼센트 정도다.[31] 한국 GDP의 3퍼센트는 대략 60조 원, 10년 계획이면 600조 원의 재정이 필요하다. 10년간 600조 원을 투입해 탈탄소 녹색전환을 이뤄내자. 물론 어마어마한 금액이다. 그러나 이 정도 과감한 투자 의지가 있어야 탄소중립을 다른 나라보다 먼저, 2040년에 성공시킬 수 있다. 글로벌 녹색 리더가 될 수 있다.

매년 에너지 수입으로 한국이 연 150조 원씩 외화를 지출하고 있다는 걸 생각하자.* 에너지 자립을 달성하는 순간부터 연 150조 원 이상 '공돈'이 생긴다. '탈탄소 보너스'를 타는 것이다. 2030년 기준으로 국민연금과 기초연금의 지급액을 합치면 140조 원 정도 지출이 예상된다. 에너지 전환으로 생긴 이 보너스만 잘 써도 국민연금과 기초연금 전액 또는 상당액이 충당된다. 정부도 사회도 골머리를 앓는 연금 재정 문제에 해결의 실마리가 보이는 것이다. 물론 에너지 자립에 따라 생긴 이익을 어디에 어떻게 활용할지, 사회적 논의를 거치자. 그러나 이것만 봐도 태양과 바람의 나라로 서둘러 갈 이유는 충분하지 않은가?

---

* 2021년 한국의 에너지 수입은 국가 총수입의 22.3퍼센트에 달한다. 석탄 147억 달러, 석유 963억 달러, 천연가스 254억 달러, 우라늄 7.4억 달러 등 총 1,372억 달러다. 원화로 대략 150조 원이다(에너지통계월보 2022. 9). 이 책에서 사용한 원달러환율대로라면 약 178조 원이나 당시 자료에 근거하여 약 150조 원으로 그대로 두었다.

글로벌 혁신선도국가

≫ 가장 혁신적인 나라가 되자

2023년 5월, 중국 정부는 미국 반도체기업 마이크론의 중국 시장 판매 금지를 결정했다. 중국 시장에서 퇴출한 것이다. 마이크론은 삼성전자와 SK하이닉스에 이어 세계 메모리 반도체 시장점유율 3위 기업이고, 중국 시장의 점유율도 10퍼센트나 된다. 중국 정부는 마이크론 반도체에 보안상의 심각한 결함이 있어 중국의 안보를 저해할 수 있다는 이유를 내세웠다. 그러나 중국의 조치는 그 직전 G7 정상회의에서 미국이 주도해 "중국의 위험에 공동 대응하자"는 공동성명을 채택한 데 반발하는 성격이 컸다.

그런데 중국의 조치가 있기 전 미국 정부가 한국 정부에게, 마이크론이 퇴출된 중국 시장의 빈자리를 한국 반도체기업이 채우지 않게 해달라고 요구한 사실이 알려졌다. 한국 정부는 그런 요구가 실제 있었는지, 한국이 뭐라 답했는지 입장을 내놓지 않았다. 자유시장경제에서 국가 간에 이러한 요구는 가당치도 않거니와 요구를 하더라도 무시하면 그만이다. 그러나 한국 정부가 명쾌한 답변을 못하는 건 미국의 심기도, 중국의 심기도 거스를 수 없기 때문이다. 이 일은 미국과 중국이라는 '두 고래' 사이에서 '새우 등' 터질까 곤혹스러운 한국의 처지를 단적으로 보여주었다.

미국은 탈냉전 시대 30년간 초강대국의 왕좌를 지켰다. 그러나 미국에게 중국이 도전장을 내밀면서 패권 경쟁이 불붙었다. 모든 패권 경쟁은 기술 경쟁을 포함하지만 미중 패권 경쟁이 유난히 기술 패권 경쟁 또는 '기술 신냉전'으로 불리는 건 지금의 첨단기술이 가진 특징 때문이다. 첨단 인공지능 (AI), 디지털 기술은 범용적이어서 군사기술과 상업기술에 두루 사용된다. 기술 확보에 뒤처지면 군사적으로는 물론 경제적으로도 크게 불리해진다. 또 현재 첨단기술은 전후방으로 긴 공급망을 필요로 한다. 경쟁에서 밀리면 공급망까지 잃게 돼 독자적으로 추격하기가 힘들다. 이에 미국과 중국의 기술 패권 경쟁은 스스로 기술력을 키우는 동시에 자국 중심으로 공급망을 재편하는 외교 경쟁까지 동반한다. 그런 이유로 역사상 가장 빠른 기술혁신과 국제질서 변혁이 동시에 일어나고 있다.

두 강대국은 다른 나라들에게 자신들이 주도하는 공급망에 들어오라고 요구한다. 미국은 자국에 반도체 공장을 짓는 국내외 기업에 막대한 보조금과 세제 혜택을 주는 내용의 '반도체 칩과 과학법^{Chips and Science Act}'을 제정했다. 또 한국, 대만, 일본을 끌어들여 반도체 공급망 클럽인 '칩 포^{Chip Four}'를 만들어 중국을 고립시키려 한다. 중국은 미국의 이러한 시도를 자국 이기주의라고 맹비난하며 대응책 마련에 고심이다. 그런 점에서 마이크론에 대한 제재는 '중국을 건드리면 미국도 피를 본다'는 메시지가 담겨 있다.

그런데 과거 '자유주의 미국 대 공산주의 소련'의 냉전 시대와 달리, 지금은 미중과 세계 전체가 경제와 기술에서 긴밀히 의존하고 있다. 특히 첨단기술에 사용되는 희토류 등 필수 광물자원에 대해 중국이 공급자로서 차지하는 위상은 압도적이다. 한국만 해도 이차전지 양극재 소재인 리튬, 코발트, 흑연 등의 70~80퍼센트를 중국에서 수입한다. 다른 나라들도 정도의 차이는 있지만 사정이 비슷하다. 따라서 각국은 미국과 중국이 가하는 선택의 압력에 상당히 곤혹스러워하면서 전략 마련에 부심한다.

미국과 중국 가운데 어느 한쪽이 확실히 이긴다는 보장도 없다. 선진국과 개발도상국의 대응 전략에도 차이가 있다. 기술력을 갖춘 선진국들은 미국이 주도하는 '민주주의–자유주의 가치연대'에 몸을 실으면서 미국의 첨단기술을 공유하려고 한다. 하지만 전략적 자율성을 유지하기 위해 기술 주권 확보에 투자하고 있으며, 중국과의 경제·외교 관계가 악화되지 않도록 관리한다. 바이든 대통령과 시진핑 주석이 서로 험한 말을 주고받던 2022년 말에서 2023년 초에도 독일 총리와 프랑스 대통령은 각각 대규모 경제사절단을 이끌고 중국을 방문했다.

한편 개발도상국들은 중국의 기술 지원에 많이 의지하는 편이다. 아세안 국가를 대상으로 벌인 여론조사에서 "5G 인프라 건설에서 어떤 회사를 신뢰하는가"라고 질문했더니 중국(24.6퍼센트), 유럽(23.5퍼센트), 미국(13.4퍼센트)순으로 응답했다.[32] 미국이 내세우는 '권위주의 기술 대 민주주의 기술'이라는 구도는 개발도상국, 비서구 국가에겐 딱히 호소력이 없다. 이 틈새를 비집고 중국은 개발도상국의 디지털화와 에너지 인프라 구축을 적극적으로 지원하고 있다. 개발도상국들은 자기들대로 미중 사이에서 적절히 줄타기하며 협상력을 높이려고 노력한다.

한국은 어떤 전략을 가져야 할까? 일각에선 주장한다. 미국이 중국의 '기술굴기'를 눌러주면 한국이 중국의 기술 추격에서 벗어날 수 있으니 좋지 않겠냐고. 하지만 이런 사고에는 약점이 있다.

첫째, 중국을 배제한 미국 주도 공급망에 전적으로 편입되는 것이 반드시 한국에 이롭다는 보장이 없다. 20세기 후반 일본 반도체산업의 몰락이 우리에겐 타산지석이다. 일본 반도체산업은 국가의 보호와 지원에 힘입어 성장했고, 세계시장에서 미국의 점유율을 야금야금 잠식했다. 그러자 미국은 일본 반도체 시장 개방과 정부의 보호 조치 중단을 요구했고, 1986년 미일반도체협정을 맺어 요구를 관철시켰다. 미일반도체협정 이후 일본은 반도체 경쟁력이 빠르게 추락했다. 이때 일본이 잃은 시장의 일부가 막 반도체산업을 시작한 한국에게 넘어왔다. 미국이 지금 중국이나 과거 일본에게 한 일을 보면 하나는 분명하다. 미국은 어떤 나라든 미국의 이익에 어느 수준 이상 위협이 되면 그냥 두지 않는다. 한국이 미국 주도의 공급망에 전적으로 의지하면 이런 일이 벌어질 수 있다.

둘째, 미국의 의도대로 하면 한국 대기업은 괜찮을지 몰라도 한국의 산업생태계는 무너질 수 있다. 미국은 당근과 채찍을 들고 반도체 공급망을 자국 내로 흡수하려고 한다. 당근은 보조금과 세제 지원, 채찍은 미국에서 보조금을 받는 나라는 미국이 지정한 위험국가(즉 중국)에 신규 투자와 교역을 제한하는 조치다. 삼성전자, SK하이닉스 같은 대기업은 이것저것 따지더라도 미국에 가 보조금을 받고 공장을 지을 것이다. 그런데 대기업이 생산라인을 미국으로 옮겨가면 대기업과 가치사슬로 연결된 한국의 중소 반도체기업들은 타격을 입는다. 한국 대기업은 미국 기업들과 손잡고 새살림(산업생태계)을 차리겠지만, 한국의 중소기업들은 몰락하고 국내에는 산업 공동화가 일어난다.

셋째, 미국에 지나치게 기우는 정책은 중국과의 관계 악화로 이어진다. 이는 경제적으로나 외교적으로 큰 위험이다. 중국은 여전히 한국이 중간재 제품을 수출하는 거대 시장이며 소재·부품의 핵심 공급원이다. 또한 중국인 관광객은 한국 서비스업계에 귀한 손님이다. 중국과의 관계를 잘 관리해 이러한 이점을 유지해야 한다. 게다가 미국과 중국이 '디커플링 decoupling', 즉 상호 얽힘을 풀수록 양국의 지정학적 이해가 대립하는 대만, 남중국해, 한반도에서 군사적 충돌이 일어날 가능성도 커진다. 한국에겐 절대 피하고 싶은 일이다(미국은 최근 '스몰야드 하이펜스ᵃ small yard with high fence'란 말로 대중 노선을 표현하기도 한다. 관계를 단절하지 않되 축소하고(스몰야드), 기술과 안보의 장벽은 높이겠다(하이펜스)는 뜻이다).

그렇다면 중국과의 관계를 현상유지만 하면 만사형통인가? 그렇지도 않다. 중국 시장에 과도하게 의지해서도 안 된다. 일단 중국이 이전만큼 높은 경제성장률을 회복하기가 쉽지 않다. 저출생, 환경오염, 빈부격차 등 중국 경제를 발목 잡는 내부 요인들이 있다. 게다가 중국의 기술 수준이 많은 분야에서 한국을 바짝 따라잡았고, 일부 첨단기술에선 능가했다. 중국이 저기술-저가低價 제품을, 한국이 고기술-중고가中高價 제품을 내세워 세계시장을 나눠 점유하는 건 더 이상 기대하기 어렵다. 첨단 제품의 필수 소재와 원료를 중국에 과도하게 의존하는 상황은 '디리스킹de-risking', 곧 위험관리가 필요하다.

결국 미국과 중국에 대해 우리는 배타적으로 한쪽만 선택할 수도, 기존 관계의 현상유지를 정화수 떠놓고 축원하고만 있을 수도 없다. 우리가 지향하는 보편적 가치에 따라, 주체적인 전략에 따라, 양 강국 모두와 때로 협력하고 때로 독자적으로 목소리를 내야 한다.

우리 같은 작은 나라에게 그런 공간이 과연 열리겠느냐? 확실히 한쪽을 선택해야 하지 않겠느냐? 구한말부터 들어온 소리다. '누구 편에 붙어야 우리 같은 약소국이 살아남을 수 있나?' 하는 소리 말이다. 최근 정치인이나 전문가들이 미중 관계에 대해 하는 얘기들도 이런 자격지심에서 크게 벗어나지 않는다. 그러나 한국은 이제 그 고민에서 벗어나도 되는 나라다. 미국 『U.S.뉴스&월드리포트』가 발표한 '2022년 세계 국력 순위'에서 한국은 세계 6위에 올랐다. 수출 역량, 경제·정치적 영향력, 외교력, 군사력 등을 종합해 정하는 국력 순위에서 한국은 프랑스(7위), 일본(8위)을 제쳤다. 우리 역량이 커졌다는 건 어떤 강대국도 우리와의 관계를 함부로 대하거나 쉽게 포기할 수 없다는 뜻이다. 한국은 국력을 추진력 삼아 스스로 과업을 정해야 한다. 강대국의 요구를 수동적으로 따라가는 걸 과제로 삼아선 안 된다.

세계 어떤 나라도 고립해서 번영할 수 없다. 촘촘한 관계망 속에 존재하는 것은 불가피하다. 그렇다면 한국은 그 안에서 '대체 불가 국가'가 되어야 한다. 글로벌 가치사슬 내 누구도 대체할 수 없는 독보적 위치를 점해, 강대국과 당당히 협상하고 또 경쟁하는 나라여야 한다. 그 힘은 기술력에서 나온다. 따라서 한국의 비전은, 첨단산업의 핵심기술을 확보하고 나아가 미래 기술을 선도하는 '글로벌 혁신선도국가'이다.

세상에서 가장 혁신적인 나라가 되자. 혁신을 선도하는 리더십으로, 안으로는 지속가능한 성장의 발판을 마련하고 밖으로는 미중 두 강대국 사이에서 '정직한 매개자[honest broker]' 노릇을 하자. 정직한 매개자는 유럽연합과 싱가포르가 미중 기술 패권 경쟁이 파국으로 치닫지 않도록 조정자가 되겠다며 하는 말이다.[33] 미중 사이에서 눈치 보는 중견국과 개발도상국에게 한국 기술을 지원해 디지털화와 녹색전환을 돕고, '안전하며 신뢰할 만한 파트너'로 인정받자. '기술 한류'를 세계에 일으키고 이를 매개로 중견국 연대를 강화하자. 그를 통해 평화적 다극체제 시대를 이끌어내자. 이것이 미중 패권 시대 한국의 '글로벌' 사명이다.

≫ '나은'을 넘어 '다른'으로

이 과업을 해내려면 먼저 우리 처지를 알아야 한다. 한마디로 말해 '기술 추격 국가'로서 이점을 누리던 시대는 끝났다. 선진국이 파는 제품을 가져다 분해하고 다시 조립해 원천기술을 익힌 뒤, 새 기능 버튼을 달거나 디자인을 바꾸는 식으로, 오리지널보다 조금 싸고 약간 새로운 제품을 내놓아 승부하는 전략은 이젠 안 먹힌다. 중국, 인도, 베트남 등 우릴 뒤따르던 개발도상국들이 더 싼 가격에 기술 격차는 크지 않은 제품을 쏟아내며 한국 제품을 밀어내고 있다.

많은 사람들이 세계시장을 석권하고 있다고 알고 있는 반도체도 우리가 자부하는 것처럼 경쟁력이 강하지 않다. 완제품 기준으론 한국 반도체의 세계시장 점유율이 20퍼센트를 넘어 미국에 이은 2위를 기록하지만, 파운드리(위탁 제조 생산)나 소재·부품·장비 등 기타 공급망을 포함한 종합 매출 합계는 미국(37퍼센트), 대만(24퍼센트)에 이은 3위(13퍼센트)다. 중국(11퍼센트), 일본(9퍼센트)과 별로 차이가 나지 않는다.[34] 반도체 종합 경쟁력에서 선두와는 거리가 있고 지금 자리조차 위태롭다.

한국의 기술 경쟁력이 떨어진 원인은 첫째 핵심 원천기술 고도화에 미흡했기 때문이다. 한국의 GDP 대비 국가 연구개발(R&D) 투자액은 결코 적지 않다. 하지만 정부투자는 주로 추격 기술에 집중되고 핵심 원천기술 연구개발에는 지원이 부족했다. 연구가 실패 가능성이 적은 안전한 과제에만 집중된 바람에 "국가 R&D 성공률이 98퍼센트"라는 웃지 못할 결과가 나온다.[35] 민간기업도 의지가 약하다. 세계가 전환기적 신기술을 요구하는데도 기업들은 여전히 원가절감을 통한 비교우위전략에 매달렸다.

둘째는 종합적 산업생태계 조성이 부진했기 때문이다. 산업생태계가 대기업에 지나치게 의존하는 구조로 짜여 있다보니 경쟁력 있는 '강소기업'이 다양하게 나타나지 못한다. 대기업이 거래 비용을 줄이느라 수직계열화에 열중하니 대기업 계열사가 아니면 성장 기회를 갖지 못한다. 대기업이 자신들의 힘을 앞세워 중소기업에 '가격 후려치기' 등 불공정거래를 요구하는 관행도 여전하다.

지피지기했으면 백전불태의 길로 가자. 글로벌 혁신선도 국가가 되는 길은 곧 선도 기술 확보에 있다. 우리는 '나은the better'에서 '다른the different'으로 옮겨가야 한다. 지금까지는 '더 나은' 기술이면 됐다. 선진국이 하는 걸 잘 따라하면서 부분적으로 조금 낮게 만들면 충분했다. 그러나 이제는 '전혀 다른' 기술, 남들이 안 간 길을 여는 기술을 확보해야 한다. 그러려면 최우선 과제는 기초과학 연구개발에 대대적으로 투자하는 것이다. '나은 기술'도 더 연구해야 한다. 기술 추격을 말한다. 선진국의 기술력을 추격하고 후발국과의 격차를 벌려야 한다. 하지만 '다른 기술', 곧 기술 선도에는 국가가 전략적으로 투자해야 한다. 아직 참고할 지도가 없는 기술은 시장에만 맡겨둬서는 개발되지 않는다. 단기적 성과 압박에 시

달리는 민간기업은 장기적 연구개발에 투자할 유인이 부족하다. 과감한 혁신을 위해서는 정부가 과감한 드라이브를 걸어야만 한다.

구체적으로, 기술 추격을 위해서는 3~5년을 바라보는 중기 과제를 선정하고 기업과 지방정부가 주도적으로 추진하게 해야 한다. 중앙정부의 역할은 기업과 지방정부의 연구개발에 자금과 컨설팅을 지원하는 것이다. 한편 기술 선도를 위해서는 10년 이상 연구할 장기 과제를 정하고 국가연구기관이 연구개발을 주도해야 한다. 국가연구기관, 대학, 대기업, 중소기업이 프로젝트팀을 만들어 진행할 수도 있다(한국이 1990년대에 대형 연구 컨소시엄을 구성해 디지털 TV를 개발한 과정을 보라).

누리호가 어떻게 우주로 날아올랐겠나? 정부가 뚝심 있게 지원하고 국가연구기관이 실패를 거듭하면서도 우직하게 개발을 밀고 갔기 때문이다. 누리호에 앞서 나로호 개발을 위해 러시아와 협력할 때 "너희 기술로는 어려우니 그냥 러시아 로켓을 사가라"는 말을 들으면서도 로켓 일부를 한국이 개발하기로 밀어붙여 독자 기술을 축적했다. 나로호는 1단 로켓은 러시아가, 2단 로켓은 한국이 만든 발사체다. 그렇게 개발에 30년을 쏟아부어 마침내 3단 로켓 전체를 우리 기술로 만든

한국형 발사체를 창공에 쏘아올렸다.[36]

여기 세 개의 주머니를 꺼내놓고자 한다. 각 주머니마다 글로벌 혁신선도국가로 가기 위한 제안을 담았다.

첫째 주머니는 '한국형 DARPA' 설립이다. 미국 국방고등연구계획국(DARPA) 모델을 참고해, 국가적 장기 과제 연구를 주도할 가칭 '기초원천연구원' 설립을 제안한다. DARPA는 인터넷, GPS, 코로나19 백신에 이르기까지 산업의 틀을 바꾸고 국가안보에 공헌한 기술의 초기 개발을 지원했다. DARPA 모델은 연구기관이 자체 연구소에서 모든 연구개발을 직접 다 하는 방식이 아니다. DARPA는 장기적 시야로 미래 원천기술을 탐색하고, 가능성 있는 아이디어를 발굴해 자금을 지원하여 '스케일업'시키고, 민관협력체계를 조성해 빠른 상용화를 도왔다. "미래를 예측하는 가장 좋은 방법은 미래를 창조하는 것"이라는 피터 드러커의 말을 기초원천연구원이 구현해낼 것이다.

둘째 주머니는 'K-과학기술혁신법' 제정이다. 2021년 미국은 상하원이 각각 '혁신경쟁법'을 냈고, 이를 조정해 '반도체 칩과 과학법'을 제정했다. 한국도 과학기술기본법이 있지만 새 술은 새 부대에 담는 법이다. 장기적 관점에서 기술혁신을 지속하고 강화하려면 새로운 법 지원 체계가 필요하다. K-과학기술혁신법에는 재정 지원과 인재 양성 등 정부가 할 역할을 규정하고, 민관 통합 거버넌스를 구축할 계획을 담아야 한다.

셋째 주머니는 획기적 규모의 공적자금 투입이다. 미국의 '반도체 칩과 과학법'은 5년간 1,000억 달러(130조 원)를 기초과학 연구에 추가로 투입한다는 야심찬 계획을 담고 있다. 한국도 현재 정부 연구개발비로 연 30조 원을 쓰고 있다. 적지 않은 예산이지만 글로벌 혁신 리더로 도약하기엔 부족하다. 정부 연구개발비를 두 배 늘려, 앞으로 10년간 최소 300조 원을 기초과학 연구개발에 더 투입해야 한다. 앞에서 전환 자금 1,000조 원 가운데 미래 선도 기술 개발에 투자하자고 한 300조 원이 이것이다. 연간 30조 원의 두 배인 60조 원은 독일이 현재 정부 연구개발비로 지출하는 예산 규모다. 지금까지 한국과 독일은 GDP 대비 정부 연구개발비의 비율이 1퍼센트로 비슷했다. 이제 총액에서도 독일을 따라잡자는 것이다. 이에 더해 정부는 '재생에너지 100퍼센트 스마트 도시' 같은 국가 단위의 대형 프로젝트를 발주해서, 국가의 조달 능력을 활용해 민간의 혁신을 자극해야 한다.

그러면 대한민국 대전환을 위해 어떤 기술에 투자할 것인가? 도끼 가진 놈을 바늘 가진 놈이 이긴다고 했다. 기술에는 덩치 큰 놈이 휘두르는 도끼 같은 기술만 있는 게 아니다. 적재적소에 정확히 바늘처럼 꽂는 기술도 얼마든지 있다. 가변적이라는 걸 전제로 '도끼를 이길 바늘'이 될 10대 핵심기술 과제를 제안한다. 5대 추격 기술^{the better point}과 5대 선도 기술^{the different point}이다.

≫ 도끼를 이길 바늘, 10대 기술

5대 추격 기술 과제

⊙반도체 팹리스산업^{Fabless}(생산 공장 없는 설계 전문 기업)

한국 반도체산업의 주력은 메모리반도체 분야다. 그러나 시장의 중심은 메모리반도체에서 비非메모리반도체로 넘어가고 있다. 챗GPT 같은 인공지능이 일상에 들어오면서 다양한 기능의 반도체 수요가 커졌기 때문이다. 이 시장을 선도하려면 반도체 설계 능력을 키워야 한다. 한국은 삼성전자나 SK하이닉스 등 설계부터 생산까지 다 하는 대형 종합반도체기업은 있지만 고객의 소량 맞춤 수요를 따라갈 중소 팹리스기업의 생태계는 척박하다. 다원적 팹리스 생태계를 조성하려면 국가가 나서야 한다. 팹리스기업들이 설계한 반도체의 시제품을 만들어보도록 '공공 파운드리'를 국가가 운영하는 것도 방편이 될 수 있다.

⊙신약 개발 산업

코로나19 대응에서 백신 개발 능력이 국가안보와 직결된다는 것을 확인했다. 질병 위기 대응뿐 아니라 웰빙 추구 문화와 인구 고령화로 인해 의약품 개발에 대한 수요는 꾸준히 늘 것이다. 한국은 의약품 생산 능력은 선진국 못지않은 수준이지만 개발 역량은 상대적으로 부족하다. 경쟁력을 높이려면 '연구-개발-임상실험-생산'에 이르는 신약 개발의 전체 주기 가치사슬을 강화해야 한다. 물론 미국, 유럽 국가들처럼 원천 기술을 오래 발전시킨 나라와 경쟁하긴 쉽지 않다. 하지만 한국의 장점인 ICT(정보 통신 기술)-디지털 기술과 접목하면 의료 데이터를 효율적으로 활용해 신약 개발 과정의 혁신이 가능하다.

⊙재생에너지 인프라 구축

한국의 재생에너지 발전 비중이 낮다는 건 달리 말해 투자

여지가 크다는 뜻이다. 태양전지의 발전효율을 현재 10퍼센트대에서 20~30퍼센트대로 개선하고, 신소재를 이용한 페로브스카이트 박막형 태양전지* 상용화에 도전해야 한다. 박막형 태양전지가 상용화되면 빌딩 외벽, 유리창, 도로 방음벽, 심지어 달리는 자동차 선루프에도 태양전지를 설치할 수 있다. 그러면 차가 달릴 때 충전하고 주차하면 그 전기를 일상생활에 쓸 수 있다. 이처럼 차량과 건물이 전기에너지를 쉽게 교환하는 V2H^Vehicle to Home, V2G^Vehicle to Grid 기술에도 주목해야 한다. 특히 재생에너지 전력 체제에선 그리드(전력망)가 완전히 달라진다. 온 국민이 소비자이자 생산자로 전력망에 참여하며, 원거리망과 지역망이 복잡하게 교차하는 만큼 빠르고 똑똑한 '스마트 그리드'가 요구된다. 여기엔 첨단 반도체 기술과 ICT 기술이 필요하다.

◉소재·부품·장비(소부장)산업 국산화와 탈탄소화

한국은 범용재(철강, 비철, 기계 소재) 분야에선 높은 자체 공

---

* 페로브스카이트^perovskite 태양전지는 기존 실리콘 태양전지를 대신할 차세대 전지로 각광받고 있다. 페로브스카이트는 특정한 광물 구조를 뜻하는데, 실리콘 소재보다 가격이 훨씬 저렴하고 얇은 전지를 만들 수 있다. 외부 환경에 견디는 힘이 약해 상용화를 위해서는 이를 극복해야 한다.

급 능력을 가졌으나 반도체 재료 등 전자 재료 분야는 외국에 많이 의존하고 있다. 또한 범용재 생산과정이 탄소를 대량으로 배출한다는 점도 문제다. 전자 재료 분야에서 소재·부품·장비 국산화를 확대하고, 범용재 생산에서 탄소 배출을 줄이며 친환경으로 전환하는 혁신이 필요하다. 이러한 혁신을 통해 몇몇 대기업에 지나치게 의존하는 현 산업생태계에서 다양한 강소기업들이 글로벌 시장에서 경쟁력을 뽐내는 역동적 생태계로 전환하자. "시장의 평균이 위대한 기업을 이긴다"는 말을 기억하자.[37]

⊙ 한국형 가이아-X

2020년 유럽연합은 가이아-X 프로젝트를 야심차게 시작했다. 프로젝트의 핵심은 유럽의 기업과 공공기관이 미국, 중국의 글로벌 IT 플랫폼의 독점적 영향력으로부터 독립성을 유지하도록 하는 것이다. 이 프로젝트는 유럽의 디지털 환경이 특정 기업의 플랫폼에 종속되지 않도록 '플랫폼들의 플랫폼'을 조성하고, 유럽 시민의 데이터 주권을 보호하기 위해 마련되었다. 아직 가시적 성과가 드러나진 않았으나 이른바 '플랫폼 제국주의'의 대항마로 기대를 모은다. 한국에서는 얼마 전 '카카오톡' 서비스가 본사 데이터센터 화재로 마비된 일이 있었다. 특정 플랫폼에 종속이 심화됐을 때 생기는 문제가 이때 드러났다. 디지털 서비스를 하나로 모아 제공할 때 발생하는 편익은 발전시키되, 특정 기업에 대한 의존을 줄이고 시민의 데이터 권리를 제대로 보호하는 것이 과제다. 공공과 민간 모두 상당한 디지털 역량을 가진 한국이 잘할 수 있는 영역이다.

5대 선도 기술 과제

⊙에너지저장장치(ESS)

에너지저장장치(배터리)는 재생에너지로의 전환과 탄소중립 실현에 핵심 수단이다. 그리고 이 분야에서 한국은 앞선 경쟁력을 가지고 있다. 이를 '초격차'로 발전시켜야 한다. 배터리 분야에선 소재와 에너지 저장 방식의 혁신을 놓고 경쟁이 치열하다. 소재 분야에선 해외 의존도가 높고 가격이 비싼 소재(리튬 등)를 국산화할 수 있는 저렴한 신소재(나트륨 등)로 교체하는 것이 필요하다. 수명과 안전성도 높여야 한다. 에너지 저장 방식과 관련해서는 고에너지밀도저장, 열저장 등 다양한 방향으로 연구되고 있다. 한국이 기술 우위를 이용해 배터리 혁신을 주도해나간다면 향후 전기차 등 모빌리티, 재생에너지 인프라 분야까지 선도할 수 있다.

⊙해상풍력발전

풍력발전 기술은 덴마크 등 북유럽 국가들이 세계시장을 선도하고 있다. 그에 비해 한국은 터빈 등 핵심 부품 제조 기술에서 많이 뒤처져 있다. 그렇지만 최근 시장의 트렌드인 원거리 부유식 해상풍력에선 선도자로 도약할 가능성이 있다. 고정식 해상풍력에 비해 부유식은 기술적 어려움이 커 아직 선진국에서도 걸음마 단계다. 한국은 뛰어난 해상플랜트 기술력을 활용해 부유식 해상풍력의 기반시설 설치 작업에서 높은 경쟁력을 갖고 있다. 삼면이 바다여서 바람의 질까지 좋다. 국내 해상풍력 사업에 유수의 해외 기업들이 참여하겠다고 나서는 이유다. 정부가 먼저 국내에 대규모 해상풍력 단지를 조성하여 시장을 키워야 한다. 여기서 성장한 풍력기업들이 글로벌 시장으로 진출할 것이다.

⊙차세대 반도체

인공지능기술 발전, 만물의 디지털화, 빅데이터의 수요 증가는 반도체 성능 발전을 요구한다. 동시에 막대한 전력 소모를 해결하는 것도 과제다. 그런 점에서 차세대 반도체는 저전력 고성능 반도체일 수밖에 없다. 글로벌 빅테크 기업들은 가격이 조금 비싸도 전력 소모량이 낮은 반도체를 구매할 것이다. 한국은 이미 압도적인 메모리반도체 생산 공정 노하우를 갖췄다. 이를 바탕으로 차세대 저전력 반도체 시장의 선두주자가 되어야 한다.

⊙X+AI

AI+X라는 말이 유행했다. AI(인공지능)가 모든 특정 분야(X)에 활용되는 시스템을 뜻한다. 이때 AI는 범용 인공지능이다. 챗GPT의 등장으로 이런 전망에 힘이 실렸다. 하지만 산업현장과 연구개발 현장에는 그 분야에 실제 도움이 되는 목적형 인공지능이 범용 인공지능보다 더 필요하다. 몇몇 이름이 알려진 인공지능은 산업현장에서 제한적으로만 응용되는 실정이다. 그간 AI는 선진국을 빨리 따라가자는 당위적 목표만 있었다. 그보다는 특정한 분야(X)에 맞춤형으로 고성능을 발휘하는 AI 개발을 정부 차원에서 지원하고 협업을 조직할 필요가 있다.

⊙자원 재활용 산업

녹색전환은 에너지 전환에서 시작해 생산과 소비 전 과정의 전환으로 확대해야 한다. 쓰레기 감소와 자원 재활용에 대한 국내외 규제는 앞으로 더 강화될 수밖에 없다. 하지만 자원순환 경제에 필요한 각종 기술은 아직 선진국에서도 충분히 발전하지 못했다. 선진국도 여전히 플라스틱, 해양쓰레기, 폐태양전지 등의 문제를 해결하지 못해 개발도상국, 후진국에 떠넘겨온 상황이다. 한국의 튼튼한 범용재 '소부장'산업을 기반으로 삼아 자원 재활용 기술을 키워내자. 플라스틱 대체 물질의 개발, 폐기물(육상·해상) 처리 기술혁신, 태양전지 재활용, 도시 광산 활성화 등 할 일은 무궁무진하다.

그 밖에 우주발사체, 소형 군집위성, 우주 태양광, 핵융합, 뇌-컴퓨터 연결, 양자컴퓨팅, 외골격 로봇, 스마트 농업 등 여러 미래 기술을 떠올릴 수 있다. 미래 기술은 당장 성공할 가능성은 낮지만, 성공하기만 하면 한국과 인류에 커다란 이익으로 돌아온다. 따라서 국가의 사명 지향 투자가 필수다. 눈앞의 성과나 이익에 좌우되는 단기주의에 함몰되어서는 안 된다.

한편 국가가 위험을 감수하고 투자한 만큼 기업에 사회적 책임을 지라고 요구해야 한다. 나아가 공공투자가 국민에게 직접 소득 향상으로 돌아오도록 시스템을 만들어야 한다. 그 방안은 뒤에서 좀 더 상세하게 살펴보자.

전환 재정 1,000조를 확보하라

≫ 돈의 울타리에 갇히지 마라

전환 재정 1,000조 원을 마련하자. 600조 원은 탈탄소 녹색 전환에, 300조 원은 추격 기술과 선도 기술 확보에, 100조 원은 '한국연대기금' 조성에 쓰자('한국연대기금'에 대해선 「대한민국 국민부펀드를 만들자」에서 상세히 다룰 것이다).

돈의 규모가 크다 작다 따지기 전에 해야 하는 질문은 이거다. '그 돈을 써서 하려는 일이 꼭 필요한가?' 그 일이 필요하다면, 절실하다면, 재정은 마련하면 된다. 아니, 반드시 마련해야 한다. 이 관점 전환이 가장 중요하다. '가계도 수입 내에서 지출해야 하는 것처럼 정부도 그래야만 한다'는 사고 한계에 갇히면 어떤 사명도 이뤄낼 수 없다.

우리가 하려는 탈탄소 녹색전환은 긴급하며 정의롭다. 또한 경제적으로 합리적이다. 지구의 기온 상승을 막지 못하면 우리는 일상적 기후 재난 시대에 살아야 한다. 2023년 여름 장마에 산사태와 제방 붕괴 등으로 50여 명이 목숨을 잃었다. 이처럼 기후 재난은 먼 북극곰 이야기가 아니라 가까운 이웃, 아니 나 자신의 이야기다. 인명과 재난의 손실을 금액으로 나타낼 수도 있지만 녹색전환은 그 이전 윤리적 문제다. 게다가 경제적으로도 긴급하다. RE100을 달성하지 못해 기후 무역 체제에서 배제되면 수출액이 40퍼센트나 줄어든다는 분석이 나온다.[38] 수출액 40퍼센트가 줄면 국민소득이 연간 234조 원 줄어든다.[39] 지금 연간 234조 원보다 적은 돈을 들여 탄소 중립을 조속히 달성할 수 있다면, 그 지출은 결코 손실이 아니다.

이런 관점에서 재정 마련 방법을 찾자. 어떤 식으로 재정을 끌어오든 장기적으로 필요하고 이익이라면 망설일 이유가 없다.

재정을 확보할 경로는 크게 네 가지다. 첫째는 조세다. 둘째는 정부의 가용자금을 동원하는 것이다. 셋째는 민간투자를 끌어내는 것이다. 넷째는 정부부채다. 국채를 발행하는 것이다.

증세는 필요하다. 윤석열 정부의 감세정책으로 줄어든 세수는 회복시켜야 한다. 감세정책 때문에 5년간 최소 65조 원 이상 세수가 줄어든다. 국가가 사명 지향 정책을 실시할 기초 체력이 바닥나는 셈이다. 감세 조치의 회복은 현 시점에선 증세의 효과가 난다. 그 외에도 탄소세 등 정책적 교정 과세를 신설할 수 있다(탄소세는 탄소 가격을 높여 탄소 배출 행위를 줄이는 게 목적이다). 하지만 1,000조 원 규모, 즉 10년간 해마다 100조 원의 초대형 재정을 조세부담을 늘려서 마련하기는 어렵다. 조세 저항이 클 것이다.

정부의 가용자금을 동원하는 건 세계잉여금*이나 각종 기금의 여유 재원을 활용하는 것이다. 그러나 연간 세계잉여금은 고작 몇 조 원 정도고, 국민연금 등 사회보험성 기금을 제외한 사업성 기금은 재원이 그리 크지 않다. 용처가 있는 기금을 마구 가져다 쓸 수도 없다. 물론 기후 위기를 비상시국으로 본다면 각종 기금 재원은 물론이고 자산 1,000조 원의 국민연금기금을 활용하는 것도 열어놓고 검토해야 한다. 지금도 국민연금기금은 우량기업 주식에 투자하고 있는 만큼 투자처를 녹색전환 참여 기업으로 돌리기만 하면 된다.

---

* 정부가 1년 동안 재정을 운용하면서 세입이 예산보다 많이 들어왔거나 지출을 예산보다 덜 해서 남은 돈을 말한다.

한편 민간투자를 끌어내는 것은 정부투자가 앞설 때 기대할 만하다. 정부가 녹색, 디지털 혁신에 인내자본을 먼저 제공해야 민간투자자들이 사업 전망을 신뢰하고 참여할 것이다.

그러면 유력한 방법은 정부부채를 발행하는 것이다. 정부가 적자를 감수하고 재정을 지출해야 한다. 방법은 정부가 '기후 채권' 또는 '미래 채권'을 발행하고 한국은행이 이를 인수하며 정부에 재정을 공급하는 것이다. 중앙은행이 인수할 채권은 무이자로 발행하도록 한다. 이를 '한국형 녹색양적완화'라고 하자.

양적완화란 2008년 글로벌 금융 위기에 중앙은행이 정부와 민간경제에 돈을 공급한 방법이다. 통화량을 확 늘리는 것이어서 양적완화라고 불린다. 당시 미국 오바마 행정부는 양적완화로 자금을 마련해 파산 위기의 은행을 구하고, 쏟아지는 실업자를 구제했으며, 사회 인프라에 투자했다. 정부 재정적자가 당연히 엄청나게 늘었다. 주류경제학자들이 이를 비판했지만 노벨경제학상 수상자 폴 크루그먼은 반대로 "적자가 세상을 구했다Deficits saved the world"고 했다.[40] 경제 위기엔 정부가 당연히 적자를 감수하고 지출해야 한다. 오바마 정부가 정부지출을 늘려 경제 위기의 충격을 흡수했기에 GDP 폭

락을 막을 수 있었다.

금융 위기에 대응하기 위해 양적완화를 했다면 기후 위기 대응을 위한 '녹색양적완화'를 못할 것도 없다. 지금 미국과 유럽연합은 채권을 발행하거나 국가 소유의 공공투자은행에서 금융을 조달하여 그린뉴딜, 그린딜 프로젝트를 진행하고 있다. 사실상 녹색양적완화를 하고 있는 것이다. 낯설지 않은 풍경이다. 코로나19 팬데믹과 싸우면서 각국 정부는 모두 빚을 지어 돈을 뿌리지 않았는가. 국민 건강과 경제 회복을 위해 그렇게 했다.

사명 지향 국가는 국민과 미래를 위해 과업을 정하고 재정을 조직해야지, 재정의 울타리에 갇혀 할 일을 포기해선 안 된다. 주어진 예산 내에서만 정부가 움직이라는 주류경제학의 신조는 오늘날 세계에선 이미 철 지난 유행가 같은 것이다. 바이든 행정부를 지원한 경제학자 스테파니 켈튼은 이렇게 말한다. "돈의 제약에 갇혀서 더 나은 사회, 더 안전한 사회를 만드는 상상력을 좁은 울타리 속에 가둬두어서는 안 된다."41

≫ 정부가 최초 투자자가 되라

재정 확보 방안은 이처럼 적자를 감수한 정부 재정지출을 중심으로 다른 방안을 결합하도록 한다. 증세는 합리적인 수준에서 추진하자. 윤석열 정부의 감세 기조를 철회하고, 조세부담률을 현재 GDP 대비 22퍼센트(2021년)에서 OECD 국가 평균 조세부담률인 25퍼센트까지 인상한다. 신규 세율 인상은 노동소득보다는 부동산·주식·가상자산 등 자산소득에 주로 부과하자. 탄소세, 횡재세도 도입하자. 탄소세는 세수를 전액 국민에게 배당하면 국민 대부분은 부담이 없고 국가 차원에서 탄소 배출량이 줄어든다. 횡재세는 기업의 초과이득에 과세하는 것이니 역시 국민에겐 직접 부담이 없다.*

민간의 투자를 끌어들이도록 제도를 만들자. 기후 채권, 미래 채권을 국민들도 투자하고 배당을 받을 수 있게 하자. 재생에너지 사업의 경우, 지역 주민이 사업에 지분 참여를 하도록 하자. 전남 신안군 '햇빛연금' 제도가 좋은 사례다. 신안군에서는 주민들이 태양광발전 사업에 협동조합 형식으로 지분 참여해서 발전 수익을 배당받고 있다. 신안군은 태양광 설비

---

* 한국에서도 용혜인 기본소득당 의원 등이 탄소세와 횡재세 법안들을 국회에 발의했다.

를 주로 섬 지역 폐염전이나 폐양식장에 짓고 있다. 섬 주민들에게 태양광발전 수익은 소득에 큰 도움이다. 햇빛연금, 바람배당 모델을 전국으로 확대하자.

국민연금기금을 활용하는 방법도 미리 선을 그을 필요는 없다. 말했듯이 에너지 자립이 되면 매년 에너지 수입에 쓰는 150조 원을 아낄 수 있다. 녹색 혁신, 디지털 혁신에 투자했을 때 장기적 가치 창출을 충분히 기대할 수 있다. 반대로 탄소중립이 늦어지고 글로벌 경쟁력이 떨어질수록 국민 노후 보장에도 악영향을 미친다. 이를 종합해 검토하자.

'주권화폐'를 발행하는 방법도 있다. 주권화폐 발행이란 정부가 국가 경제활동의 잠재력 내에서 '정부화폐'를 직접 발행하는 것이다. 링컨 미국 대통령이 남북전쟁 당시 '그린백'이라는 정부화폐를 발행했고, 이는 북부의 승리에 큰 경제적 기여를 했다. 지금의 화폐 시스템은 민간은행이 창출하는 신용화폐 시스템이다. 주권화폐를 발행하려면 기존 통화 체제의 전면 개혁이 필요하다. 이론적으로는 많은 지지 근거가 있으나, 급진적 개혁인 만큼 시간이 걸릴 수 있다.

짧은 책에서 국가채무가 늘어나면 안 된다는 주류경제학의 비판을 꼼꼼히 따질 여유는 없으나 두 가지만 짚자. 첫째,

이미 완전고용에 도달한 게 아니면 정부지출이 인플레이션으로 이어질 가능성은 적다. 경제가 확대될 여지가 없는데 통화량만 늘면 문제가 되지만 지금은 그런 상황이 아니다. 오히려 정부투자가 있어야 기술혁신과 신산업을 자극해 고용을 창출한다.

둘째, 가계와 정부의 재정은 구조가 반대다. 정부부채를 억지로 줄이면 경기 악화로 민간이 빚을 져야 한다. 반대로 정부가 적자를 감수하고 지출하면 경기가 살아나 민간 자산이 늘어난다. 재정적자가 늘면 경제가 불안해진다는 실증 근거도 없다. 일본처럼 국가채무가 GDP의 250퍼센트를 넘어도 그것 때문에 경제가 흔들리진 않는다. 오히려 정부가 돈을 빌려 인프라, 교육, 돌봄, 보건 등 사회적 인프라에 투자하면 경제 전반에 긍정적인 영향을 미쳐 국가채무 비율을 안정시킨다.[42]

주류경제학의 국가채무 비율에 대한 우려는 하나만 보고 둘은 못 본 것이다. 국가채무 비율이란 GDP 대비 정부 채무액인데, 설령 분자(정부 채무)가 늘어나더라도 분모(GDP)가 같이 커지면 아무 문제가 없다. 공공투자로 혁신을 자극하면 경제가 성장하고 GDP도 늘어난다. 정부가 빚을 내 1,000조 원을 지출하면 일시적으로 국가채무 비율이 지금의 50퍼센트에서 100퍼센트로 두 배 증가한다. 하지만 GDP가 늘어나니 채무 비율은 금세 떨어진다. IMF에 의하면 선진국 평균 국가부채율은 현재 123퍼센트, 2028년에는 130퍼센트에 이른다.[43] 2030년대에 한국의 국가부채율이 100퍼센트를 넘겨도 지금의 선진국 평균에도 미치지 못한다. 정부는 자린고비가 아니다. 퍼주기만 하라는 것도 아니다. 혁신을 이끄는 최초 투자자가 되라는 거다. 정부의 조달 능력을 이용해 새로운 시장을 여는 최초 구매자가 되라는 거다.

한편, 투입한 정부지출은 세수를 증가시켜 국고로 돌아온다. 이 사실을 더 살펴보자. 1,000조 원은 조세를 통한 재분배가 아니라 정부가 새로 창출했으므로 액수 그대로 GDP를 증가시킨다. 여기에 승수효과가 더해진다. 승수효과란 돈이 돌며 새로운 생산과 소비를 일으키는 효과를 말한다. 예를 들어, 승수효과가 1.5라고 하면 경제주체가 100원을 지출할 때 파급효과로 경제 전체에 150원이 증가한다는 뜻이다. 정부 재정지출의 승수효과를 미국은 1.2~1.3, 한국은 1.27로 추정한다.[44] 보수적으로 1.2라고 하자. 10년간 1,000조 원을 투입하면 GDP에 1,200조 원이 늘어난다. GDP를 증가시키는 다른 요인을 제외한다고 하면, 현재 한국의 GDP인 약 2,000조 원이 3,200조 원으로 커지는 것이다.

여기에 우리나라 조세부담률인 22퍼센트를 적용하면, 이 추가된 GDP 증가분 1,200조 원에서만 10년 뒤부터 연간 약 264조 원씩 조세수입이 발생한다. 이 세수만으로도 추가 비용 없이 온 국민 기본소득을 월 40만 원씩 지급할 수 있다. 기본소득 및 사회서비스 재원을 마련하고, 기술혁신과 뒤에 설명할 사회자산펀드에 투자할 수도 있다. 조세수입을 활용한 기본소득과, 사회자산펀드에서 나오는 시민배당을 합치면 한 세대 안에 '실질 자유를 위한 충분한 기본소득'을 실현할 것이다.

오해를 피하기 위해 덧붙일 말이 있다. 정부의 혁신 투자로 GDP를 성장시키고 거기서 기본소득 재원을 가져온다는 위의 설명은, 생태적 시각에서 부적절해 보일 수도 있다. 기후 위기를 해결하기 위해 '탈성장'이 필요하다는 주장이 설득력을 얻고 있기 때문이다. 그러나 생태적 한계와 밀접하게 관련된 것은 '물리적 처리량throughout'의 축소라는 점이다. 에너지 전환과 자원 재활용 분야에 새로운 혁신을 만든다면 물리적 처리량은 줄면서 화폐량으로서 GDP는 크게 늘 수도 있다.

중요한 건 성장의 방향이다. 성장을 하느냐 마느냐가 아니다. 과거 같은 근시안적 성장이냐 전환적 방향의 성장이냐가 핵심이다. 다만 현재의 GDP 개념을 생태적 관점을 고려하여 그린GDP라는 새 지표로 바꿀 필요는 분명히 있겠다.

지금까지 분배나 복지는 나쁘게는 국가 재정의 소모로 여겨졌고, 그 정도는 아니어도 혁신이나 성장과 별개로 여겨졌다. 사명이 있는 국가는 녹색전환, 혁신 경쟁력, 복지사회를 하나의 통합된 과제로 여긴다. 남은 것은 사명 지향 정부와 의회가 등장해 국민에게 이 담대한 비전을 설득하고 대전환을 시작하는 일이다. 쉽게 말하자. 국가가 지금보다 딱 두 배 부채를 감수하고 지출을 결단하면 앞으로 10년, 길어도 20년 안에 대한민국은 세계 최고의 혁신국가, 모두의 더 나은 미래를 보장하는 녹색복지국가로 갈 수 있다.

정부가 할 일은 개인이 이미 하고 있는 일을 조금 더 잘하는 것이 아니라, 현재 전혀 시도되고 있지 않은 일을 하는 것이다.
-존 메이너드 케인스

대한민국
국민부펀드를 만들자

기본소득, 모두의 권리

≫ 기본소득은 공유부 수익 배당

1966년에 민권운동가 마틴 루터 킹 박사는 미국 상원에서 도시 빈곤과 인종 차별 문제를 증언하며 이렇게 말했다. "몇 년 안에 인간은 달에 앉아서 망원경으로 지구의 빈곤과 부패와 혼란을 볼 수 있게 될 것입니다. 이런 것을 우리는 진보라고 불러야 합니까?"[45]

아폴로 프로젝트가 추진되는 동안 미국 사회는 여전히 빈곤, 불평등, 차별 문제에 시달렸다. 정치인과 과학자들은 달착륙이라는 거대한 과업이 이끌어낸 기술 진보가 많은 사회적 문제를 개선할 수 있을 거라고 했다. 그 말은 어느 정도 사실이더라도 전부 진실은 아니다. 기술 진보가 사회적 진보로 직결되지는 않았다.

우리도 보았다. 대한민국이 기술 강국이 되고, 기업이 세계로 뻗어나가며, 과거와 비교할 수 없을 만큼 부유해진 것을. 그러나 많은 국민이 여전히 빈곤을 겪고, 불평등은 심화됐으며, 미래는 불안정하다. 안정된 일자리를 향한 경쟁은 심해지고 청년들은 출산을 포기한다. 나라는 성공했는데 시민은 불행하다.

바꿔야 한다. 국가가 부유해지면 국민 모두의 삶이 나아지도록 시스템을 고쳐야 한다. 인공지능 혁명을 비롯한 놀라운 기술 진보가 국민 복지의 질적 향상, 사회 연대의 강화로 바로 연결되게끔 만들어야 한다. 혁신과 분배가 선순환하면서, 개인의 창의적 도전을 사회가 튼튼히 밀어주는 구조를 조성해야 한다. 이를 가능하게 만드는 제도가 바로 기본소득이다.

기본소득이란 무엇인가? 모두에게, 개별적으로, 무조건적으로 정기 지급하는 현금이다. 보편성, 개별성, 무조건성은 기본소득과 다른 분배 제도를 구별하는 특징이다. 모두에게 준다는 건 자격 심사와 차별이 없다는 뜻이다. 개별적으로 준다는 건 부양자와 피부양자로 나누지 않고 가구 구성원을 동등하게 대한다는 뜻이다. 무조건적이라는 건 일할 의무를 요구하거나 돈의 소비 방식에 간섭하지 않는다는 뜻이다.

그런데 이러한 원리의 기본소득을 왜 주자는 것인가?

다양한 이유에서 기본소득이 요구된다. 우선, 가속적인 자동화로 좋은 일자리가 줄어들고 있어 그 대응책으로 기본소득이 필요하다. 인공지능이 인간 직무를 대체해도 새로운 일자리가 생길 순 있으나, 그 일자리는 고용과 소득이 불안정한 일자리일 가능성이 크다. 인간다운 삶에 필요한 소득을 시장에 전적으로 맡길 게 아니라 기본소득이란 '사회소득'을 도입하자는 것이다.

둘째, 사회적 위험이 다종다양해지면서 전통적 복지제도는 한계에 도달했기 때문이다. 전통적 복지제도의 기본 원리는 실업이나 재해가 일어난 다음 대상자를 선별해서 구제하는 것이다. 그러나 코로나19 팬데믹 기간에 본 것처럼 크든 작든 모두 피해를 입은 상황에서 정부가 피해 구제 대상을 선별하려고 하면 반드시 사각지대가 생긴다. 간발의 차이로 지원을 받지 못하는 사람이 나오니 갈등이 발생한다. 기본소득처럼 보편적이면서 위험을 사전에 대비하는 제도가 있었다면 코로나19 위기 때 혼란이 훨씬 적었을 것이다.

그 밖에도 기본소득을 지지하는 데는 실질적인 기회의 평등, 경제적 자유의 증진, 공화국 시민으로서 동등한 참여 조건 형성 등 여러 이유가 있다.

또 하나 중요한 이유는 기본소득이 공유부共有富에 대한 각자의 정당한 권리란 점이다. 공유부는 사회공동체 구성원 모두 집단적 권리가 있는 부를 가리킨다. 공동부, 공동 자원, 공유지, 커먼즈 등으로 불리기도 한다. 공동체에는 '모두의 것'이 있다는 생각은 고대古代로부터 이어져왔다. 어느 사회든 모두가 이용할 권리가 있는 개방 농지, 공동 방목지, 삼림, 하천 등이 존재했다. 공유부를 토지, 천연자원, 햇빛, 바람 같은 자연적 공유부와 지식, 정보, 문화 같은 사회적 공유부로 구분하기도 한다.[46] 공유부를 활용하지 않고는 그 어떤 경제도 돌아갈 수 없다.

공유부는 자연의 선물로 애초 차등 없이 주어졌거나, 사회 구성원이 어떤 식으로든 형성과 보전에 함께 참여했다. 따라서 모든 사람은 공유부에 동등한 권리가 있다. 그 권리에 근거하여, 공유부에서 발생한 수익 가운데 일정한 몫을 동등하게 나누자는 것이 기본소득이다. 그래서 기본소득은 '공유부 수익 배당'이다.[47] 하지만 현대 자본주의 체제는 토지를 비롯해 공유부 성격이 있는 자산을 소수가 배타적으로 소유하고 막대한 수익을 독차지하도록 해준다. 정부는 사유재산권 보호라는 명목으로 이 수익을 보호해준다. 그러나 공유부에서 가치를 창출한 개인과 기업의 기여를 인정하더라도 공유부가 모두의 것인 이상 수익 전부를 배타적으로 차지하는 건 온당치 않다. 그 수익에는 '모두의 몫'도 있기 때문이다. 따라서 공유부 성격의 자산을 공공이 되찾아 운영하고, 그 수익을 모든 시민에게 정기 배당하자는 아이디어들이 나온다.

≫ 재원은 조세수입만 있지 않다

일본 민담에 '코에서 쌀이 쏟아지는 지장보살' 이야기가 있다. 가난하지만 착한 어부가 하루는 그물을 끌어올리다가 바다 밑에 가라앉은 지장보살상을 건진다. 그런데 불상의 코에서 하얀 쌀이 쏟아지는 것이 아닌가. 어부는 그 쌀로 큰부자가 되었다. 문제는 다음이다. 어부는 '불상의 콧구멍을 넓히면 쌀이 더 많이 쏟아지지 않을까?' 하는 생각이 들었고, 칼로 불상 콧구멍을 깎기 시작했다. 그러다가 그만 불상의 코를 깎아 없애버렸고, 코가 없는 지장보살은 더 이상 쌀을 내놓지 않게 되었다.

쌀이든 돈이든 끊임없이 쏟아내는 화수분이 있으면 좋겠지만, 현실에서 정책은 항상 재원 문제를 해결해야 한다. 기본소득 논의도 마찬가지다. 일부에선 복지제도를 단순 통폐합하여 추가 재원 없이 기본소득을 하자는 주장도 있으나 이는 나와 같은 진보적 기본소득론자들의 생각과는 다르다. 진보적 기본소득론자들은 항상 구체적인 재원 계획을 제출해왔다.

지난 대선에서 나는 기본소득당 후보로 출마해 '누구나 기본소득 월 65만 원'을 공약했다. 월 65만 원은 국민기초생활보장제도상 1인당 생계급여의 최대액보다 많은 금액으로 최저생계비에 해당한다. 연간 예산은 약 390조 원이 든다. 재원은 조세개혁을 통해 마련한다. 즉 '증세'를 결단하자는 것이다. 조세개혁의 핵심 내용은 '기본소득 목적세'로 시민세·토지세·탄소세를 도입하고, 기존 비과세·감면 제도는 없애거나 줄이는 것이다. 국민이 부담하는 세금이 오르지만 기본소득을 받으므로 국민 대다수는 내는 돈보다 받는 돈이 커지기에 결과적으로 이익이다. 모두 같은 세율로 세금을 더 내고 동등한 기본소득을 받으면 불평등도 효과적으로 줄어든다(면세 구간이 없다는 가정하에 n퍼센트의 정률세를 도입하면 지니계수도 n

퍼센트 떨어진다는 것이 계산으로 확인된다).

기본소득당 외에 기본소득한국네트워크, LAB2050 등 진보적 기본소득을 주장하는 단체들도 유사한 취지의 기본소득 재원 모델을 제출했다. 이처럼 조세 수입에 기반한 기본소득 모델을 '조세형 기본소득'이라고 하자.

조세형 기본소득 모델은 '충분한 기본소득'이란 목표를 이루기에 확실한 방법이다. 그런데 조세형 기본소득의 어려움은 재정계획을 세우는 데 있지 않다. 나는 기본소득 재정계획을 묻는 질문에 자신 있게 답을 했지만, 그다음엔 "그게 실현 가능하겠는가"라는 회의적인 반응을 접해야 했다. 일단 세금이 늘어나는 데 대한 조세 저항이 있다. 조세 저항은 실은 합리적이지 않다. 국민 대다수는 기본소득이 생기면 조세부담을 능가하는 혜택이 생기기 때문이다. 그럼에도 세금 부담이 걱정되면 일단 가용 재원 내에서 소액 기본소득을 실시하고 차차 늘려가며 증세를 해도 된다. 하지만 현실적으로, 정치세력이 '증세'라는 비전을 솔직히 밝히고 선거에서 당선되기란 무척 어렵다. 당선이 안 되면 비전을 실행할 수가 없다.

조세부담이 늘면 혁신을 위축시킨다는 우려도 있다. 이 역시 그다지 옳지 않은 우려다. 20세기 중반 '자본주의 황금기'

에 미국과 서유럽은 소득세 최고세율이 80~90퍼센트로 높았다. 하지만 이 시기에 놀라운 기술혁신이 줄을 이었다. 다만 이런 우려가 정책 도입에 반대하는 강한 힘이라는 건 사실이기에 보완책이 필요하다. 정부가 국민을 대신해 사명 지향 공공투자를 벌여 기술혁신을 일으키고, 기업이 그 혁신에 힘입어 성장할 수 있게 하며, 기업 성장의 결실을 국민에게 되돌려주는 방식 말이다. 이를 위한 방책으로 '사회자산펀드'가 떠오르고 있다. 사회자산펀드의 한 유형인 '국민부펀드'는 혁신과 분배를 직접 연결하는 고리가 될 것이다.[*]

사회자산펀드가 온다

» 사회자산펀드의 유형

이 책에서 내가 제안하는 한국연대기금은 사회자산펀드의 새로운 유형이다. 먼저 사회자산펀드에 대해 알아보자.[**] 사

---

[*] 이 책에서는 사회자산펀드, 국부펀드, 국민부펀드 등 기금의 유형을 가리킬 때는 '펀드', 알래스카영구기금, 미국주식기금, 한국연대기금 등 개별 기금을 가리킬 때는 '기금'이라고 표현했다.
[**] 사회자산펀드에 대한 설명은 권세훈·한상범의 연구보고서 「사회자산펀드와 중소기업 지원전략」(경기도경제과학진흥원, 2021)에 의지했다.

회자산펀드는 사회적으로 유익한 목적에 사용하기 위해 국가 또는 지역공동체가 조성한 기금 또는 투자 기구를 가리킨다. 세계적으로 공공의 책임하에 사회자산펀드를 조성해 불평등 해소, 지역 균형 발전, 기후 위기 대응 같은 목표를 위해 투자하는 사례가 늘고 있다.

사회자산펀드의 일반적인 형태는 '국부펀드Sovereign Wealth Fund'다. 2021년 기준, 우리나라를 비롯해 전 세계적으로 133개의 국부펀드가 운영되고 있다. 국부펀드는 주로 천연자원 개발 이익이나 외환보유고 등 국가 자산을 기반으로 기금을 조성한다. 최근 사회자산펀드의 논의가 활발해지면서 그 재원이나 목적 등이 다양하게 제안된다. 특히 기금 수익을 국민이나 지역 주민에게 평등하게 배당하자는 제안이 많이 나온다. 불평등의 해결책으로서 말이다.

사회자산펀드는 소유 주체, 운영 방식, 재원 조달 방식, 수익 활용 방식에 따라 여러 형태가 있다. 소유 주체와 운영 방식에서, 국가가 펀드를 소유하고 운영까지 알아서 하는 방식이 일반적이다. 하지만 소유는 국가가 하더라도 운영은 독립된 투자기관에 맡기기도 한다. 국민을 대리하는 사회적 기구를 만들어 펀드 운영을 맡기자는 제안도 있다.

재원은 천연자원, 외환보유고에서 조달하는 방식이 전형적이다. 세계 최대 국부펀드인 노르웨이 정부연금기금(GPFG)이나 알래스카영구기금^{Alaska Permanent Fund}은 석유 자원을 기반으로 자금을 조성했다. 한국의 국부펀드인 한국투자공사는 한국은행이 위탁한 외환자금으로 자산을 만들었다. 하지만 재원은 다양해질 수 있다. 정부나 지자체 소유 부동산, 광물권, 기부금, 세금도 재원이 된다. 국가의 면허권, 특허권, 빅데이터, 화폐 주조권을 자산으로 활용하자는 주장도 나온다.

수익 활용 방식에서, 대다수 국부펀드는 수익이 국고로 들어가고 사용도 국가가 알아서 한다. 노르웨이 정부연금기금, 한국투자공사도 그렇다. 예외적으로, 수익 활용을 특정 목적으로 지정하거나 주민에게 배당하는 펀드들도 있다. 텍사스영구학교기금과 영구대학기금은 각각 텍사스주 초중등학교와 대학 지원에 수익금을 쓴다. 알래스카영구기금은 알래스카의 모든 주민에게 1년에 한 차례 배당금을 지급한다.

최근 세계적으로 여러 진보적 학자, 정치인이 '국민부펀드^{Citizen's Wealth Fund}'를 주장한다. 국민부펀드는 국부펀드와 구분되는 개념으로, 정부 대신 국민이 펀드의 소유 주체이고, 운영은 독립기구가 한다. 수익금은 국민 또는 지역 주민 전체에게 배당한다. 기본소득의 '공유부 수익 배당' 철학과 같다. 국가가 아닌 국민 모두가 집합적으로 펀드를 소유, 운영하는 것이 핵심이다. 이상의 논의를 정리하면 다음과 같다.

	A유형	B유형	C유형	D유형
소유 주체	국가(정부)	국가(정부)	국가(정부)	국민
운영 방식	국가(정부)	국가(정부)	국가(정부) 또는 독립기구	국민 또는 독립기구
재원 조달 방식	천연자원, 외환보유고 등	천연자원, 외환보유고 등	세금, 공유지, 기부 등	세금, 공유지, 기부 등
수익 활용 방식	비확정(국가가 필요에 따라)	국민 전체 배당	특정 목적 사용 (학교 지원, 지역 개발 등)	국민 전체 배당
주요 사례	노르웨이 정부연금기금	알래스카영구기금	텍사스 영구학교기금, 유럽사회기금	국민부펀드(안)

●— 사회자산펀드의 분류.[*]

≫ 국민부펀드란 무엇인가

존재하는 사회자산펀드에 대해 간단히 알아보자.

세계 1위의 국부펀드는 2021년 기준 총자산 1조 3,380억 달러인 노르웨이 정부연금기금이다(이름과 달리 재원은 연금

---

* 권세훈·한상범의 분류표를 활용하여 일부 수정했다.

기금이 아니라 북해유전의 석유 자원이다). 1990년에 설립됐고, 현재 73개국 9,000개 이상 기업에 투자한다. 한국투자공사는 2005년에 설립되었고, 자산 규모 284억 달러로 세계 14위다.[48]

유럽사회기금은 유럽 지역을 하나의 경제공동체로 만들자는 목표하에 유럽의 인적 자원에 투자하고 고용기회를 개선하기 위해 1957년 조성되었다. 기금은 매년 100억 유로씩 확충한다. 텍사스 영구학교기금은 1854년 주 헌법에 의해 설립되었으며, 텍사스주 소유의 토지 자산과 광물권을 재원으로 공립 초중등학교를 지원한다. 대학 교육을 지원하기 위한 별도의 영구대학기금도 있다.

한국에도 잘 알려진 알래스카영구기금은 노스슬로프 유전 수입을 기반으로 1980년에 만들었고, 1982년부터 알래스카에 1년 이상 거주한 주민에게 주민배당을 지급했다. 2020년 화폐가치를 기준으로, 2020년까지 1인당 연평균 1,481달러를 지급했다. 2022년에는 1인당 3,284달러를 배당했다. 알래스카영구기금은 주 헌법 제9조에 수익 분배에 대한 명시적 절차와 규정을 두고 있다. 주민에게 보편적, 무조건적, 개별적, 정기적으로 현금을 배당하는 근거다. 한국 언론사가 알래스카를 찾아 주민들에게 주민배당을 실시하는 이유를 물었는데, 한 아이는 "알래스카의 땅과 땅 밑에 있는 것은 주민 모두의 것이니까요"라고 답하기도 했다.[49]

하지만 국부펀드는 예외적인 경우를 제외하고 투자수익 용도나 배분 방식을 구체적으로 정해놓지 않는다. 다만 근래에 교육, 빈곤 해결, 지역개발, 기후 위기 대응, 기술혁신 지원, 기본소득 재원 등 사회적 목적을 위한 사명 지향 국부펀드를 조성하자는 주장이 여기저기서 나온다. 유럽연합이 2023년 1월에 발표한 유럽국부펀드 설립 계획도 그 하나다. 유럽연합 그린딜 재원을 마련하려는 것이다.

이번에는 근래 주목받는 국민부펀드에 대해 알아보자. 미국 베르그루엔연구소 공동 창립자 니콜라스 베르그루엔과 네이선 가델스는 코로나19 팬데믹으로 악화된 불평등을 줄이기 위해 사회적 펀드를 도입하자고 주장했다. 그들은 이 펀드를 '보편적 기본자산Universal Basic Capital'이라고 부르면서 여기서 나온 수익으로 모든 국민에게 정기 배당금을 주자고 제안했다. 노벨경제학상 수상자인 조지프 스티글리츠도 여기에 동의한다고 밝혔다. 그들은 이 배당금이 '사전 분배'의 의미가 있다고 강조했다. 불평등이 발생하고 나서 '사후 분배' 또는 재분배를 하기보다는 미리 분배하는 게 낫다는 것이다(기본소득과 비교되는 정책인 '기본자산제'는 일반적으로 개인에게 창업, 대학 진학 등에 쓰도록 목돈을 나눠주는 제도다. 베르그루엔, 스티글리츠 등은 공공이 소유하는 대형 자산을 만들자는 것으로 일반적인 기본자산제 주장과는 다르다). 힐러리 클린턴도 회고록에서, 2016년 대선에서 사회자산펀드를 만들어 모든 미국인에게 기본소득을 지급할 계획을 고려했다고 밝혔다. 이 계획은 공약이 되진 못했다.

싱크 탱크 '피플스 폴리시 프로젝트People's Policy Project'의 창립자 맷 브루닉은 미국연대기금America Solidarity Fund을 주장한다. 이 역시 미국의 경제적 불평등을 해결하기 위한 공공 소유의 사회자산펀드다. 모든 미국인은 이 펀드의 '양도할 수 없는 지분'을 보유하고 배당을 받는다. 즉 보편적 기본소득이 미국연대기금의 목적이다. 미국연대기금은 알래스카영구기금과 비슷하지만 재원은 훨씬 다양하다. 자발적 기부, 국가 자산 활용, 화폐 발행 차익 그리고 조세를 통해 재원을 조달한다. 브루닉은 과세 방안으로 시가총액세·기업공개세(IPO세)·인수합병세·부유세 등의 도입, 부동산과 주식양도 이득에 대한 감세 조치 폐지, 상속세·증여세 인상 등을 제안했다.

챗GPT의 개발사 오픈AI 최고경영자인 샘 올트먼은 이전부터 기술혁신이 가져올 충격을 기본소득으로 완화해야 한다는 주장을 해왔다. 그는 2021년 「모든 것에 대한 무어의 법칙 Moor's Law for Everything」이란 글을 발표해 인공지능 혁명이 가져올 풍요는 나누고 불평등 위험은 줄이자고 주장했다. 그 글에서 올트먼은 '미국주식기금American Equity Fund'을 제안한다. 해마다 일정 규모 이상 기업의 주식 2.5퍼센트와 민간 토지 가치의 2.5퍼센트를 기금에 적립하여, 18세 이상 모든 미국인에게 소득을 배당하자는 것이다. 꽤 급진적인 내용이 아닐 수 없다. 올트먼은 자본과 토지가 만드는 이익을 공유함으로써 불평등을 억제하고 자본주의의 진보를 이어가자고 말한다.

영국의 노동당과 진보 세력들도 국민부펀드 설립을 주장한다. 역시 국민이 지분을 가지고 매년 배당을 받는 방식이다. 제시하는 근거가 흥미롭다. 1980년대 영국과 노르웨이 모두 북해유전 개발로 막대한 수입을 거뒀는데, 노르웨이는 이 수입을 미래를 위한 국부펀드 설립에 활용한 반면 대처 총리의 영국은 주택 보조금 지급이나 세금 감면 등 단기적 정책에 써버렸다. 석유 매장량이 비슷했던 두 나라가 다른 정책을 쓴 결과, 40년이 지나 1인당 GDP가 노르웨이 9만 달러, 영국 4

만 달러라는 차이로 나타났다. 이에 대한 반성으로 영국에선 요즘 국민부펀드 또는 의료나 공공주택 확충 등 사회 인프라 투자를 위한 국부펀드 설립 제안이 뜨겁다.

우리도 사명 지향 사회자산펀드 논의를 시작하자. 공공의 힘으로 기업의 잠재적 생산성을 사회적으로 유익한 방향으로 유도하자. 사회적 자본을 지렛대 삼아 기업이 환경, 사회적 가치, 노동자와 상생하는 경영을 하도록 만들자. 국민이 자본의 공동 주인이 되어 자본에서 나온 결실을 같이 누리자. 다만 국가가 사회자산펀드 조성에 핵심 역할을 하더라도 기금 운영과 수익 활용 방식을 임의로 정하거나 바꾸지 못하게 해야 한다. 민주적 합의로 사회자산펀드의 목적, 운영 방식을 정하고 그 합의를 제도적 장치로 보호해야 한다.

나는 녹색전환과 글로벌 선도 기술 확보에 1,000조 원 규모의 담대한 재정지출이 필요하다고 제안했다. 이것이 한국 경제에 일으킬 역동적 변화로부터 누구도 소외되지 않고 모두가 미래의 주인공이 되는 기획을 이제 말하려 한다. 대한민국 국민부펀드, 가칭 '한국연대기금' 계획이다.

한국연대기금을 제안한다

한국연대기금의 핵심 아이디어는 이렇다.[*] 국가가 공공 재원으로 거대 기금을 조성하여 사명 지향적 방향에 부합하는 기업 주식에 투자하고 그 배당금을 모든 국민에게 정기 지급한다. 그 방향은 대한민국 국민이 희망하는 경제를 창조하는 것이다. 신속한 탄소중립, 미래 혁신기술 개발, ESG(환경, 사회, 기업지배구조에 대한 책임) 추구 등이 그 방향에 포함된다.

기업은 사적 재산인 동시에 한 사회의 공유부적 성격도 갖고 있다. 단지 경영자의 능력만으로 성공한 기업은 없기 때문이다. 노동자와 연구자, 엔지니어 등 모든 직원의 땀, 국가의 재정적·제도적 지원, 국민의 소비와 응원이 어우러져 기업의 성장을 이끈다. 하지만 기업은 성과 압박에 눌려 단기적 이익 창출에 매몰되고 사회적 가치 실현에서 멀어지기 쉽다. 한국연대기금은 이에 대한 대안이 되어준다. 한국연대기금이 사명 지향적인 투자자로서 기업이 혁신을 창출하는 과정에 함께 위험을 감수해줄 것이기 때문이다. 그리고 "기업을 사회 공공선의 전략적 도구로 삼아"[50], 녹색전환과 양극화 해소라

---

[*] 한국연대기금 아이디어는 특히 이한상 고려대 경영학과 교수의 「기본소득, 자본시장의 힘으로 해결하라」(버핏클럽, 2021)를 많이 참고했다.

는 목표를 향해 경제를 전환할 것이다.

한국연대기금의 소유 주체는 국민이다. 정부는 재원을 조달하고 기금 운영을 담당한다. 기금 운영을 위해 별도의 독립 기구를 둘 수도 있다. 대한민국 국민은 출생 또는 국적 취득과 동시에 한국연대기금의 배당권을 얻으며, 사망하거나 국적을 상실하면 배당권도 잃는다. 배당권은 양도, 상속, 매매, 증여 그리고 저당의 대상이 될 수 없다.

한국연대기금의 출발 자금으로 정부는 100조 원을 조달한다. 앞에서 제안한 것처럼 10년간 투자할 전환 재정 1,000조 원의 10분의 1이다. 이 100조 원을 초기 자산으로 하고, 정부는 매년 경제성장률을 반영해 연간 투자액을 늘리도록 한다.

매년 경제성장률을 3퍼센트, 주식 가치 성장률도 3퍼센트로 가정하자. 기금 운용 수익률은 5퍼센트로 잡자. 경제성장률 3퍼센트는 현재의 한국 경제 상황에서 다소 높은 예상치라고 하겠다. 하지만 10년간 국가가 1,000조 원을 전략적으로 녹색전환과 기술혁신에 투자하기로 했으므로, 이 투자가 경제성장을 견인할 것이기에 불가능한 수치가 아니다. 오히려 보수적인 전망치라고 봐도 될 것이다. 5퍼센트의 배당수익률도 국민연금기금의 평균수익률이 지금도 그보다 상회하므로 무리한 수치가 아니다.

100조 원으로 시작한 첫해는 배당수익이 5조 원(5퍼센트), 5,000만 국민에게 배당하면 1인당 연 10만 원에 불과하다. 그러나 그 뒤로는 복리의 마법이 발휘된다.* 10년 뒤에는 원본 자산이 1,300조 원으로 커지고, 배당수익 규모는 총 65조 원이 된다. 국민 수가 그대로라고 하면 국민 1인당 연간 130만 원을 지급할 수 있다(월 10만 8,000원).

20년 뒤에는 원본 자산이 3,500조 원으로 늘어난다. 배당수익은 총 175조 원이고, 국민 1인당 배당액은 연간 350만 원이다(월 29만 원). 30년 뒤에는? 놀랍게도 원본 자산이 7,060조 원이 넘고, 배당수익은 총 378조 원에 이르며, 국민 1인당 배당금은 연 750만 원으로 커진다(월 62만 원).

2025년부터 제도를 시작한다고 하자. 연간 배당금이 꾸준히 올라 2045년부터는 월 30만 원의 기본소득을 모든 국민이 받는다. 2055년에는 월 60만 원이 보장된다. 만약 기금 적립을 시작하고 일정 기간 동안 배당을 하지 않고 적립만 한다

---

* 계산식을 간단히 하면 이러하다.
n해의 원본 자산=100(조 원)×n×1.03$^{(n-1)}$
n해의 배당수익=n해의 원본 자산×0.05
경제성장률과 주식 가치 성장률은 3퍼센트로 동일하다.

면, 그 뒤로 지급하는 배당금은 더 클 것이다. 경제의 생태적 한계를 생각하면 금액이 무한히 커질 수는 없다. 그러나 어느 범위까진 꾸준히 늘 것이다. 무엇보다 이것은 '전 국민 평생 배당'이다. 그리고 이 배당은 대한민국이 존속하는 한 대대손손 영구히 지급된다.

이 배당수익과 별개로, 앞에서 전망한 것처럼 정부의 사명 지향적 지출로 GDP가 증가하여 10년 후 세수의 자연 증가분은 약 260조 원이 된다. 그중 120조 원씩 매년 기본소득 재원으로 돌리면 여기서만 월 20만 원의 기본소득을 줄 수 있다. 조세 기반 기본소득과 펀드 배당수익을 합치면 2035년에 월 30만 원, 2045년에 월 50만 원의 기본소득을 보장할 수 있다. 공공 인내투자에 힘입어 한국 경제는 단기주의적 주주 자본주의에서 공공선을 지향하는 이해관계자 자본주의로 바뀐다. 국민 모두는 가만히 있어도 보너스를 받는다. 일거양득이다.

매년 100조 원 이상 들어가는 재원 조달 문제가 남았다. 한국연대기금의 재원은 정부 조세 수익과 각종 공공재산 운용 수익, 필요시 정부부채를 발행해 가져오기로 한다. 조세 수익을 보자. 우선 정부의 녹색투자로 늘어난 세수 일부를 가져올 수 있다. 상속세·증여세도 재원으로 포함한다. 이 기금의 목적이 지속가능한 사회를 위한 '사회적 연대'인 만큼 세대 간 연대와 계층 간 연대를 실현하는 상속세·증여세를 넣는 것은 의미가 있다.

또 다른 조세 재원으로 일정 규모 이상 기업의 지분을 특별 법인세 형태로 납부받는다. 샘 올트먼이 '미국주식기금'을 제 안하며 내놓은 재원 방식이다. 우리나라 상장기업 전체의 시 가총액이 2,000조 원이라고 할 때, 올트먼이 제안하는 세율 (2.5퍼센트)로 연간 50조 원에 해당하는 주식 지분을 확보할 수 있다. 그러나 과세 대상을 일정 규모 이상의 대기업에 맞 추고 세율을 조정하면 그보다는 많이 줄어든다. 기업에 직접 유동성을 받아내는 것이 아닌 지분 납부이며, 국가 공공투자 의 혜택이 대기업에게 가장 많이 돌아간다는 점에서 대기업 도 동참할 거라고 본다. 올트먼의 다른 제안처럼 토지세도 도 입할 수 있다. 토지는 대표적 공유부이므로 그 활용 수익을 공공의 펀드로 가져오는 건 정당하다. 우리나라 민간 토지 총 액 5,000조 원의 1퍼센트만 과세해도 50조 원이 걷힌다. 물론 조정을 거치면 이 역시 줄어들 것이다.

조세 이외 정부의 유·무형 공공재산에서 발생하는 수익은 모두 한국연대기금에 투자한다. 특히 정부가 개발을 지원한

원천기술의 사용료(기술료)가 재원이 될 수 있다. 정부는 연구소, 대학, 기업 등에 상당한 연구개발비를 지원한다. 연구 주체들은 개발한 기술을 기업이나 기관이 사용하게 하고 기술료를 받는데 그 일정 부분이 국고로 들어온다. 이 기술료를 국민부펀드로 가져오는 것은 국민 세금으로 혁신을 이뤘다면 그 성과를 국민과 공유한다는 취지다. 또한 정부나 지방정부는 스타트업에 토지와 건물을 임대하고 임대료 대신 지분을 확보하기도 한다. 그 밖에도 정부가 기업에 제공하는 각종 지원, 정부 보증 대출도 주식 지분으로 교환하여 마찬가지로 한국연대기금에 집어넣자.

정부가 다른 투자기관에서 받는 배당수익도 한국연대기금에 포함시키자. 한국투자공사는 해외 주식에 투자해 연평균 10퍼센트 가까이 고수익을 올리는데, 이 수익을 가져와 국내 기업 혁신에 투자하자. 이러고도 부족하면 정부부채를 발행한다. 한국연대기금의 수익률이 정부부채의 이자율을 상회하는 한 부채를 늘려도 문제가 없다. 이상의 방법을 합치면 매년 100조 원 이상 한국연대기금에 적립해가는 건 전혀 어렵지 않을 것이다.

알래스카가 천연자원에 기초해 기금을 만들었다면, 우리는 대한민국의 경제 공유부를 이용해 한국연대기금을 만들자. 자본주의적 방법을 이용하여 국민이 자본의 주인이 되고, 자본의 성격을 바꾸자.

이것은 대한민국의 미래를 바꿀 담대한 제안이다. 저성장과 양극화로 앞날은 불안하고 연대는 깨어진 시대, 성실한 노동과 연구보다 단타성 투기가 더 크게 보상받는 시대, 이대로 가다간 정말 희망이 없다. 사명을 가진 정부가 인내투자자가 되어 혁신을 유도하고, 그 성과는 온 국민에게 기본소득으로 돌려주자. 녹색전환과 기본소득이 점점 크게 되먹임하며 모두의 밝은 미래를 이끌 것이다. 이것이 지속가능한 미래를 여는, 사명이 있는 대한민국의 비전이다.

울타리 밖에 일렁이는 무언가

그 아무도 모르는 별일지 몰라

I wanna wanna be there

I'm gonna gonna be there

벅찬 맘으로 이 궤도를 벗어나

Let's go!

새로운 길의 탐험가

Beyond the road

껍질을 깨뜨려버리자

두려움은 이제 거둬

오로지 나를 믿어

지금이 바로 time to fly

-윤하, 〈오르트구름〉 중에서

2부

경계를 넘는
기본소득
상상력

기본소득, 붕괴를 막고
모두의 미래를 구하는 길

정세랑 작가의 소설에 미래에서 온 거대 지렁이가 화석연료와 플라스틱으로 지은 현대 문명을 집어삼켜 인류가 멸망하는 이야기가 있다. 다행히 아직 미래에서 거대 지렁이를 보내지는 않았다. 이대로 가면 인류가 멸망할 거라는 강한 예감이 들지만 말이다. 그런데 미래에서 현재의 우리에게 기회를 주기 위해 거대 지렁이 대신 다른 것을 보냈는지도 모른다. 기본소득이란 아이디어다. 이 단순 명쾌하며 지금의 부와 기술로도 충분히 가능한 아이디어를 서둘러 실현하지 못하면, 진실로 암울한 미래가 닥쳤을 때 우리는 무슨 말로 변명할 수 있을까?

공동체의 세 가지 위기, 해법은 기본소득

기본소득은 단순한 제도다. 국가가 모든 국민에게 일정한 금액을 아무 조건 없이 지급하는 것이다. 심사 없이 모두에게 주고, 가구 단위가 아니라 개인에게 지급하며, 소득의 반대급부로 어떤 조건도 요구하지 않는다. 이 단순한 아이디어에 관심을 갖는 나라들, 중앙정부와 지방정부가 늘고 있다. 한국에서도 요 몇 년 사이 기본소득이 뜨거운 정치 의제가 됐다. 2022년 제21대 대통령선거에서도 기본소득을 도입하겠다는 후보가 둘이나 나왔다. 더불어민주당 이재명 후보, 또 한 사람은 기본소득당 후보인 나다.

나는 출마 선언 기자회견에서 "역경을 헤치고 별을 향하여 PER ASPERA AD ASTRA!"라는 문장으로 다짐을 밝혔다. '기본소득 대한민국'이란 별에 도달하자는 의지였다. 시대 상황은 기본소득을 더 절실하게 요청하며, 미래에 기본소득은 실현될 수밖에 없다고 믿는다. 질문이 붙는다. 어째서 그런가? 왜 기본소득을 도입해야 하나?

기본소득 없이는 우리 공동체에 다가오는 붕괴를 막을 수 없기 때문이다. 기본소득은 우리 정치공동체가 파국으로 가는 위험을 해소하는 최선의 방안이다.

우리 공동체를 위협하는 세 가지 커다란 위기가 있다. 기후·생태 위기, 분배 위기, 민주주의 위기다. 기후·생태 위기는 극한 기상현상을 수시로 체감하는 우리에게 더 설명이 필요 없다. 이 위기의 끝에 '여섯 번째 대멸종'이 다가온다고 많은 이가 느끼고 있다. 분배 위기는 날로 심해지는 소득과 자산의 불평등을 의미한다. 그 배경엔 세계 경제의 장기 저성장, 자동화와 디지털화에 의한 일자리 감소, 노동시장 양극화 등이 있다. 민주주의 위기는 세대, 계층, 젠더, 지역 간에 적대적 분열이 커지며 발생한다. 갈등을 이용해 우익 포퓰리스트 정치 세력이 영향력을 넓히면서 공동체는 해체로 치닫는다.

이 위기들이 심각한 이유는 오래 누적된 역사적 위기이자 서로 얽힌 구조적 위기이기 때문이다. 그래서 위기라는 걸 알면서도 다른 방향으로 경로를 틀기가 매우 어렵다. 기득권 세력은 막강하고, 복잡한 이해관계에서 비롯된 저항도 만만치 않다. 이런저런 대책이 나왔지만 위험은 해결되기는커녕 더욱 커져 임계점에 다가가고 있다.

기후·생태 위기 따로, 분배 위기 따로, 민주주의 위기 따로 접근해선 문제가 풀리지 않는다. 전체를 관통하는 해법을 찾아야만 '위험한 미래'를 '바라는 미래'로 바꿀 수 있다. 여기에 기본소득의 의의가 있다. 기본소득은 생태적 전환, 정의로 운 분배 그리고 공동체의 연대 회복을 동시에 이룰 수 있는 기획이다. 각각의 위기에 대해서는 이미 다양한 해법이 제시 돼 있다. 그 해법들을 기본소득과 연결할 때 비로소 전체 회로 에 불이 반짝 들어온다.

상세히 살펴보자. 기후·생태 위기의 해법은 그동안 세숫물 버리듯 해온 탄소 배출을 단호하게 멈추는 것이다. 한국은 매 년 7억 톤씩 탄소를 배출하고 있으며, '탄소 예산'은 2030년 정도에 완전히 고갈될 걸로 보인다. 경제 주체들이 탄소 배출 을 줄이게 하려면 지금보다 탄소 배출 가격을 아주 높게 정해 야만 한다. 그런데 탄소 배출 가격을 높이면 생필품과 에너지 가격도 올라가서 서민이 고통스러운 게 문제다. 방법이 있다. 탄소세를 신설해 탄소 가격을 높이되, 세수를 기본소득으로 분배하면 대다수 서민은 부담이 상쇄되고 저소득층은 혜택을 얻는다. 스위스가 이런 방법으로 국민의 동의를 얻어 탄소세 율을 높였다.

분배 위기에 대처하는 전통적 해법은 시장에서 일자리를 늘리는 것이다. 그러나 지금의 분배 위기는 일자리 창출이라 는 해법이 잘 들어먹지 않는다. 저성장과 자동화·디지털화 때문에 더 이상 적정 소득을 보장하는 안정된 일자리를 대규모로 만들 수 없어서다. 늘어나는 일자리는 '부스러기 노동'으로 불리는 불안정한 단시간 또는 초단시간 일자리들이다. 일자리를 통해야만 소득을 제공할 수 있다는 관념에서 벗어나야 한다. 기본소득은 분배 위기를 일자리라는 우회로를 거치지 않고 직접 해소하는 방식이다. 기본소득을 모두에게 나눠주면서 재원을 증세를 통해 마련하면 지니계수가 낮아진다는 건 실증적으로 확인된다. 또 기본소득은 노동자가 더 나은 일자리를 선택할 수 있도록 '협상할 여유'를 준다. 이 힘을 부잣집 청년들은 '부모기본소득' 덕에 이미 갖고 있다.

기본소득이 민주주의 위기 해결에 기여하는 것은 일차적으로는 소득 양극화를 줄여 갈등을 완화하기 때문이다. 또한 기본소득은 민주국가에서 올바로 대표되지 못하는 소수자가 목소리를 내고 정치에 참여하는 발판이 된다. 특히 기본소득 보장에 따라 생계 노동 시간이 줄어들면 시민들이 정치와 여러 공익적 업무에 '참여할 기회'가 더 평등해진다. 여기에 사람들을 선별하지 않고 지원하면 사회적 신뢰가 높아진다. 그것은 2020년 코로나19 재난 초기에 '재난기본소득', 곧 전 국민 긴급재난지원금을 받아본 경험으로 모두 확인했다.

정리하면, 이 얽히고설킨 위기를 해결하려면 기본소득 같은 '그랜드 디자인'이 나와야 한다. 기본소득의 목적은 모든 시민에게 경제적 안전과 실질적 자유를 제공하고 공동체 활동에 균등한 참여 기회를 보장하는 것이다. 이 목적을 지향하는 기본소득은 현대 자본주의 위기의 해법인 동시에 위기를 낳은 낡은 체제를 새로운 체제로 전환하는 수단이다. 역사상 가장 거대한 전환의 시대는 기본소득과 함께 올 것이다.

기본소득 '3기'를 시작하자

제20대 대선 이후 한국에서 기본소득의 목소리가 잦아든 것처럼 보인다. 기본소득의 끝이 아니라면 지금 무슨 일이 일어나는 것일까? 한국 기본소득 '2기'가 마감되는 중이다.

한국에서 기본소득은 2016년을 기준으로 1기와 2기로 나눌 수 있다. 1기는 기본소득을 지지하는 연구자와 활동가가 모여 주로 비제도적 영역에서 기본소득을 퍼뜨린 시기다. 2009년 창립한 기본소득한국네트워크가 이 활동의 중심에 섰다.

기본소득 2기는 1기의 성과 위에 기본소득이 제도권 정치로 돌격한 시기다. 2016년 7월 기본소득한국네트워크가 서울에서 '기본소득지구네트워크 대회'를 열었는데, 이 행사에 김종인 당시 더불어민주당 비대위원장이 축사를 했다(2022년 대선 직전 국민의힘 비대위원장을 했던 사람이다). 제도권 거대 정당 정치인이 관심을 보인 것이다. 같은 해 이재명 당시 성남시장은 기본소득 철학을 받아들여 '성남시 청년배당'을 시작했다. 정책이 호응을 얻자, 기세를 몰아 이재명 시장은 2018년에 경기도지사가 됐고, '경기도 청년기본소득'을 도입했다.

2기에서 결정적 사건은 코로나19가 제공했다. 감염병으로 생계 수단이 끊긴 사람들은 국가에 소득보장을 요구했다. 정부는 관성적으로 일정 소득수준 이하의 국민만 선별하여 지원하려다, 행정비용을 고려해 전 국민에게 '긴급재난지원금'을 지급했다. 비록 한시적이지만 조건 없이 모두에게 주는 '재난기본소득'이 실시됐고, 효능감을 느낀 국민들은 기본소득에도 마음을 열었다.

기본소득은 변방 의제에서 중앙 의제로 떠올랐다. 기본소득을 브랜드 삼아 몸집을 키운 정치인 이재명도 대선에 도전했다. 2022년 3월 대선은 '한국이 기본소득을 도입하는 첫 국가가 될까'라는 기대를 부풀게 했다. 그러나 알다시피 기대는 잠시 꺾였다. 기본소득 지지자들은 실망했다. 혹자는 기본소득도 이제 완전히 끝난 것 아니냐고 한다.

과연 그런가? 기본소득은 정말로 무덤에 묻혀 잊히고 말까? 아니면 새 시대에 맞는 새 옷을 입고 미래 의제로 부활할까? 기본소득 지지자들은 단연코 후자라고 믿는다. 할 일은 분명하다. 기본소득 2기를 마감하고 기본소득 3기를 시작하는 것이다.

그러자면 먼저 확인할 것이 있다. 첫째는 기본소득의 정당성이고, 둘째는 기본소득 2기의 성취와 한계다.

먼저 기본소득의 정당성을 보자. 기본소득은 변덕스러운 정치 공간에서 부여잡아야 할 정의롭고 바람직한 대안인가? 분명히 그렇다. 기본소득이 정당한 이유는 먼저, 어떤 사회보장제도보다 보편 인권에 충실하다는 점이다. 기존 사회보장제도의 두 축인 사회보험과 공공부조 가운데 사회보험은 능력에 따라 보험금을 내고 낸 만큼 돌려받는다. 소득이 적고 배제된 사람은 지원을 못 받거나 박하게 받는다. 공적연금에서 특히 그렇다. 공공부조는 지원할 사람의 소득, 근로 능력 등을 엄격히 심사해 골라내며, 이 과정에서 대상자에게 무능력의 낙인을 찍는다. 그에 반해 기본소득은 기여의 논리로 차별하지 않고 선별의 논리로 낙인찍지 않는다. 사회 구성원 누구나 인권의 이름으로 평등하게 지원한다.

둘째, 기본소득은 민주공화주의 헌법 정신에 가장 충실한 제도다. 민주공화주의에선 공화국의 모든 성원에게 인간답게 살 권리와 공화국의 주요 의사결정에 참여할 권리를 보장해야 한다. "공화국 시민은 자신을 팔아야 할 정도로 가난해서도, 타인을 노예로 부릴 만큼 부유해서도 안 된다"고 공화주의자 장 자크 루소는 말했다. 경제적으로 타인에게 의지해야 할수록 독립적 의사 표현과 결정이 어렵다. 국민의 기본 생활을 보장해야 국민이 민주주의에 참여할 권리도 실질적으로 보장할 수 있다.

다음으로 기본소득은 분배정의의 대전제, '모두의 몫은 모두에게, 각자의 몫은 각자에게'를 실현한다. 정치공동체에서 모두의 몫이란 무엇인가? 토지, 천연자원, 대기와 햇빛은 누가 원천적 소유권을 주장할 수 없는 공동 자원이다. 오래 축적된 지식, 문화, 데이터 등도 집단적 기여를 통해 창조한 공동 자원이다. 이를 '공유부commons'라고 부른다. 공유부에서 발생한 수익은 모두가 권리를 갖는 '모두의 몫'이다. 따라서 그 수익은 동등하게 나누는 것이 마땅하다. 기본소득은 '공유부 수익의 평등한 배당'이다. 물론 그 수익 창출에 참신한 기여를 한 이들의 노력은 별도로 보상해야 할 것이다.

기본소득이 공유부 수익의 권리라는 주장에, 성장이론으로 노벨경제학상을 수상한 로버트 솔로의 연구를 참고할 만하다. 그는 1909∼1949년 기간에 미국에서 일어난 생산성 증대의 요인을 분석했고, 87.5퍼센트는 노동, 자본과 무관하다는 점을 실증했다. 즉 20세기 들어 인류가 이룬 놀라운 생산성 향상에 자본과 노동 또는 창의적 아이디어를 가진 개인보다 인류가 축적한 지식이란 유산이 더 큰 기여를 한 것이다.[51] 그러면 우리는 개인 기여와 무관하게 발생한 사회적 부에 대해선 조건 없이 분배하라고 요구할 권리가 있지 않을까?

이처럼 기본소득은 보편 인권으로, 민주공화주의로, 분배 정의로도 철저히 정당하다. 기본소득을 실현하자는 목소리는 더 커져야 한다. 그러나 우리에겐 사자의 심장과 함께 여우의 지혜도 필요하다. 그런 점에서 우리는 기본소득 2기로부터 무엇을 배워야 하는가?

기본소득 2기의 가장 큰 성취는 보편적 소득보장이 시민의 권리라는 생각을 퍼뜨린 것이다. 그 전까지 소득은 취업 경쟁을 뚫고 일자리를 얻거나, 자산을 투자해 수익을 내거나, 아니면 빈곤과 무능을 탈탈 털어 보여줘 선별 심사를 통과해야만 가질 수 있었다. 그러나 기본소득은 소득이 인간의 권리이며 조건 없이 제공되어야 한다고 주장했다. 이 단순하고 역동적인 기본소득 원리가 대중의 관심을 불러일으키고, 유력 대선주자의 정책이 됐고, 실현 직전까지 갔다.

한편 2기의 한계는 무엇인가? 기본소득이 정치 의제가 되면서 그 이상을 현실과 타협시켜야 했는데, 문제는 이 과정에서 기본소득의 매력도 흩어졌다는 점이다. 기본소득의 이상을 실현하려면 생계 노동에서 거리를 둘 수 있을 만큼 금액이 충분해야 한다. 그런데 기본소득을 제도화하려고 사람들의 심리적 장벽을 우회하다가 금액을 낮추고, 증세도 포기하고, 기본소득과 다른 정책의 차이를 지우는 일이 있었다. 그러자 기본소득은 애초의 매력을 잃고, 그런데도 재정은 상대적으로 많이 드니 경쟁하는 정책만 못하게 보였다.

따라서 기본소득 3기의 과제는 기본소득의 보편주의가 갖는 정당성과 매력을 줄이지 않으면서 그것이 실현 가능하다는 믿음을 시민에게 주는 것이다. 그러려면 기본소득의 이상을 구체화한 미래 사회의 청사진을 제시하고, 기본소득의 원칙을 지키면서 다른 정책 대안들과 유연하게 연대하여 '기본소득과 그 연합'을 다수파로 만들어야 한다.

저는 여러분과 함께 '기본소득 대한민국'의 꿈을 꾸고자 합니다. 이 위기를 넘어 역사상 가장 위대한 사회로 가자고 제안합니다. 대한민국 헌법 전문에 나온 대로 '정치·경제·사회·문화의 모든 영역에서 각자의 기회를 균등히 하고, 능력을 최고로 발휘하는 사회'를 마침내 실현해 후손에게 물려줍시다.

-오준호 기본소득당 대선후보 출마 선언

위대한 사회의 꿈을 포기할 수 없다면, '거대 지렁이'처럼 닥쳐오는 암울한 미래로부터 우리 모두를 구하려면, 우리의 선택은 기본소득이다.

〈2023년 1월〉*

---

* 기본소득당 계간지 『인커밍』 창간호(2023. 1)와 칼럼 "국민 생활보장 '기본소득' 끝?…이제 시작이다"(중기이코노미, 2022. 12. 6)를 합쳐 수정했다.

조건 붙는 소득정책은
기본소득이 아니다

"이름이 무슨 소용인가요? 장미는 어떤 이름으로 불러도 똑같이 향기로운걸요."《로미오와 줄리엣》에서 줄리엣이 하는 말이다. 로미오가 원수 가문 아들임을 뒤늦게 알고 탄식하며, 다른 이름이 될 수 없냐면서 하는 말이다. 알다시피 이들은 상대의 이름에 상관하지 않고 불멸의 사랑으로 뛰어든다.

줄리엣에게 장미의 본질, 장미와 다른 꽃을 구분하는 기준은 향기다. 그 향기만 있다면 꽃의 이름이 '장미'든 '장마'든 중요하지 않다. 이를 기본소득에 적용해보자. 기본소득을 다른 제도나 아이디어와 구분하는 '향기'는 무엇인가? 무엇이 기본소득과 기본소득이 아닌 것을 결정적으로 나누는가?

기본소득의 '향기'는 무조건성

기본소득은 '정치공동체가 모든 사회 구성원에게 개인 단위로 자산조사나 노동 의무 부과 없이 지급하는 소득'이다. 기본소득 이론의 최고 석학 필리프 판 파레이스의 정의^{定義}다. 한편 기본소득지구네트워크(BIEN)는 기본소득을 '자산 심사나 노동 요구 없이 무조건적으로 모두에게 개별적으로 주는 정기적인 현금'으로 정의한다.

기본소득을 정의하는 두 문장에서 알 수 있는 기본소득의 핵심 지향^{志向}은 '무조건성, 보편성, 개별성'이다. 기본소득 지지자는 누구나 합의하는 지향이다. 조건 없이 주고, 모두에게 주고, 가구가 아니라 개인에게 준다. 여기에 정기성, 충분성이 붙기도 한다. 일회성 말고 주기적으로, 기본 생계가 가능한 수준의 충분한 금액을 주라는 요구다.

세 가지 핵심 지향 중에도 무조건성이야말로 기본소득의 '향기'다. 무조건성은 기본소득을 다른 사회보장제도와 구분하는 가장 확실한 기준이다. 무조건성은 소득이나 자산 수준, 부양자, 노동능력, 경제활동 참여, 사회적 기여와 무관하게 소득을 제공한다는 뜻이다. 기본소득이 무조건적인 이유는 '최소한의 소득보장은 인권'이란 관점에 서 있기 때문이다. 따라서 조건이 붙는 소득보장정책은 기본소득이 아니다. 그런 정책에 기본소득이라고 이름을 붙인다 해도 기본소득과는 지향이 전혀 다른 정책이 된다.

예를 들면 국민의힘 기본정책 1호가 그렇다. 2020년에 미래통합당이 현 국민의힘으로 당명을 바꾸면서, '국가는 모든 개인이 기본소득을 통해 안정적이고 자유로운 삶을 영위하도록 적극적으로 뒷받침한다'는 내용을 정책에 넣었다. 이재명 더불어민주당 대표도 자주 이 사실을 언급하면서 "국민의힘도 기본소득에 동의하지 않느냐"고 한다. 그러나 국민의힘도, 이재명 대표도 번지수가 틀렸다.

당시 기본정책 작성을 주도한 윤희숙 전 국민의힘 의원은 구체적으로 '기본소득지원제도' 정책을 내놓았다. 중위소득 50퍼센트를 기준선으로 삼아 그 아래 저소득층의 소득이 기준선에 가까워지도록 지원하는 내용이다. 그것은 선별 지원 정책이지 기본소득이 아니라는 비판에 윤 전 의원은 "훈고학을 하자는 것이냐"며 반발했다(훈고학은 고전의 본뜻을 찾는 학문이다). 힘든 국민에게 소득을 지원하면 기본소득이지 뭘 따지냐는 식이다. 무조건성이 기본소득의 핵심임을 이해하지 못한 것이다. 사실 국민의힘이 말하는 기본소득은 '음(-)의

소득세'란 정책의 변형이다. 이 역시 토론할 가치가 있는 정책이지만 기본소득은 아니다. 장미와 향이 전혀 다른 홍어를 가져다놓고 색이 비슷하니 장미라고 우긴 셈이다.

'완전기본소득'이 우리의 목표

무조건성 다음으로 중요한 기본소득의 지향은 보편성이다. 보편성을 극대화하면 '지구 기본소득'을 상상할 수 있다. 국제사회의 책임하에 전 인류에게 주는 기본소득이다. 하지만 일반적 사회정책은 국민국가 단위로 실시하므로, 기본소득 지지자들이 말하는 보편적 기본소득의 목표는 '전 국민 기본소득'이다.

어떤 제도가 보편적이라면 정치공동체 구성원 모두를 포괄한다. 그런데 기본소득의 보편성은 기존 복지국가론에서 가리키는 보편성과는 다르다. 기존 복지국가론에서 보편성은 누구든 위험에 처했을 때 도움을 받을 수 있다는 의미다. '보편적 사후 구제'인 것이다. 도움을 받을 권리는 누구나 있지만 실제 도움을 받으려면 빈곤, 실업, 장애 등 자신이 곤경에 처했음을 증명해야 한다. 반면 기본소득은 '보편적 사전 보장'이다. 위험이 닥치기 전에 모두에게 선제적으로 안전망을 제공하는 것이다. 따라서 기본소득의 보편성은 자신이 곤경에 처했음을 스스로 입증할 필요가 없고, 선별의 낙인과 사각지대가 생기지 않는다.

국가는 코로나19 초기인 2020년 '재난기본소득', 곧 전 국민 긴급재난지원금을 보편적으로 나눠줬다. 피해가 실시간으로 커지는데 선별에 시간을 끌 수 없고, 또 선별하다간 피해 구제의 사각지대가 생긴다는 판단 때문이었다. 긴급재난지원금은 기본소득의 무조건성과 보편성을 공유했다. 지급 대상이 개인이 아닌 가구였고 일회적이란 점은 기본소득과 다르지만 말이다. 결과적으로 전 국민 긴급재난지원금은 코로나19로 갑작스럽게 소득이 단절된 사람들, 침체에 빠진 지역 경제에 '숨 쉴 구멍' 노릇을 톡톡히 해주었다.

기본소득의 구분 체계는 146쪽 상단의 그림과 같다. 기본소득인지 아닌지는 무조건성으로 구분한다. 그래서 '참여소득'이나 '음의 소득세'는 기본소득에서 탈락된다. 참여소득은 공동체가 인정한 활동에 참여하는 조건으로 급여를 제공하는 제도이고, 음의 소득세는 소득 기준선 이하의 사람만 지원한다.

무조건성을 따르지만 대상이 전 국민이 아니면 '범주형 기

		기본소득				기본소득 아님
1단계	무조건성					
2단계	보편성, 개별성					
3단계	정기성, 현금성					
4단계	충분성					
최종 통과 단계		4단계	3단계	2단계	1단계	1단계 탈락
제도 분류		완전 기본소득	부분 기본소득	재난 기본소득	범주형 기본소득	참여소득, 음의 소득세

●— 기본소득의 위계.[52]

본소득'이라고 한다. 예산의 한계나 도입 초기의 우려를 고려해 보편성을 약화한 것이다. 청년기본소득, 노인기본소득이 있겠다. 단 인구 집단을 한정하되 그 집단 내에서는 빠짐없이 모두에게 준다. 한편 '부분기본소득'은 무조건성, 보편성 등을 충족하지만 금액이 기초 생계를 유지하기에 충분하지 않은 소액 기본소득을 가리킨다.

모든 지향을 만족하는 이상적 기본소득은 '완전기본소득'이다. 기초 생계를 적절히 보장하는 금액을, 다달이 또는 분기별로, 평생에 걸쳐, 조건 없이 국민 모두에게 보장하는 것이다.

완전기본소득에 이르면 어떤 세상이 펼쳐질까? 더 이상 생계를 위해 과로에 시달리지 않아도, 실직의 두려움과 노후의 불안감에 위축되지 않아도 된다. 완전기본소득이 보장된 사회에선 누구나 경제적 안전과 실질적 자유를 영위하고 하나뿐인 삶을 창발적으로 가꾸며 살게 될 것이다. 완전기본소득이 보장된 사회는 역사상 최초로 '결핍 없는post-scarcity 사회'가 될 것이다. 경제사학자 아론 베나나브는 그 사회의 모습을 이렇게 그린다.

우리는 잠재력을 완전히 발현한 개개인이 각양각색으로 삶을 꾸려나가는 모습을 상상해볼 수 있다. 사람들은 누구나 크고 작은 공동체에 속해 있으며, 어떤 사람은 일에 집중하는 반면, 어떤 사람은 일을 적게 하는 대신 자연이나 사회, 인간의 마음, 바다와 별을 탐구할 것이다.[53]

지난 몇 년간 한국에서, 특히 정치권에서는 기본소득 '이름'에 가려 그 '향기'가 지닌 가능성을 제대로 보지 못한 것은 아닐까? 지금이라도 실사구시의 태도로 기본소득의 필요성과 대안적 잠재력에 더 깊이 파고들어야 한다.

〈2022년 12월〉

'0.003 대 99.997',
암울한 미래는 싫다

여기 2090년에 나타날 '초양극화 사회'의 모습이 있다. 인공지능을 소유한 0.003퍼센트의 인구가 나머지 99.997퍼센트를 지배한다. 이 사회의 제1계급은 플랫폼 기업가, 투자자 같은 '플랫폼 소유주'다. 이들은 인구의 0.001퍼센트다. 제2계급은 엘리트 정치인, 연예인 등 인구의 0.002퍼센트인 '플랫폼 스타'다. 제3계급은 아예 사람이 아니라 인공지능(AI)이다. 그 아래 계급은 절대 다수 '프레카리아트precariat' 노동자다. 이들은 인공지능의 지시를 받고 플랫폼에서 불규칙하게 노동력을 제공한다(프레카리아트는 불안정한 노동자계급을 가리킨다).

이는 서울대 유기윤 교수 연구팀이 2017년 「미래도시 연구

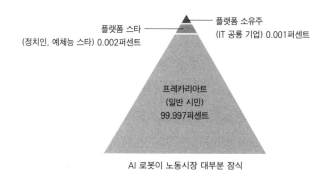

플랫폼 스타 ── ◣ ── 플랫폼 소유주
(정치인, 예체능 스타) 0.002퍼센트   (IT 공룡 기업) 0.001퍼센트

프레카리아트
(일반 시민)
99.997퍼센트

AI 로봇이 노동시장 대부분 잠식

●── 서울대 유기윤 교수 연구팀이 「미래도시 연구보고서」에서 예측한 2090년의 초양극화 사회.

보고서」에서 예측한 미래사회의 모습이다. 인공지능이 도맡은 완전 자동화한 미래 모습이 이처럼 암울하니 서글프다.

'일자리 소멸' 때문에 기본소득이 필요할까

종종 기본소득은 이런 세계에서 인간이 생존하기 위한 수단으로 설명된다. 인공지능이 일자리를 대체하면 "기본소득이라도" 있어야 살 수 있다는 것이다. 알파고, 자율주행차, 챗GPT까지 신형 인공지능이나 로봇 서비스가 화제가 될 때마다 나오는 이야기이기도 하다. 한편 일자리 소멸 공포는 과장

되었으며, 과거 산업혁명에서도 결과적으로 일자리가 늘었다고 주장하는 이들도 있다. 일자리 감소 전망 때문에 기본소득을 실시할 필요는 없다고도 한다.

그러나 일자리 소멸을 두려워하는 데도 이유는 있다. 연구에 의하면 자동화와 디지털화 흐름 속에 1993년부터 2010년까지 16개 주요국에서 예외 없이 중간임금 일자리가 크게 줄고, 대신 저임금 일자리는 대폭, 고임금 일자리는 소폭 증가했다. 이런 추세라면 일자리 총량이 줄진 않아도 '좋은 일자리'가 크게 줄어드는 건 분명하다. 게다가 한국은 다른 나라와 비교해도 대기업과 중소기업의 임금 격차가 크고, 자영업에 뛰어드는 비율과 실패하는 비율이 상대적으로 높다. 그러니 적어도 중산층 시민들이 느끼는 불안감에는 근거가 있다고 봐야 한다. 기본소득 찬성 여론이 특히 40대와 50대에서 높은 데는 이런 배경이 있다.

하지만 미리 패배주의에 젖지는 말자. 일자리가 소멸하는 미래를 기정사실화해서, 먹고살아야 하니 기본소득이라도 달라고 호소해야 하는 건 아니다. 우리 사회의 성장 방식을 그대로 두고, 그저 낙오자와 탈락자를 구제하기 위해 기본소득이 필요한 걸까? 그런 기본소득은 마치 공장식 양계장에서

닭에게 모이를 주는 장면을 떠올리게 한다. 기본소득 지지자들은 그런 장면을 바라지 않는다.

기본소득은 그보다 훨씬 중요한 이유로 필요하다. 기본소득이 필요한 이유는 현재의 위태로운 성장 방식을 지속가능한 성장 방식으로 전환하기 위해서다. '0.003 대 99.997'의 암울한 미래에서 살아남기 위해 기본소득이 필요한 게 아니다. 기본소득은 그런 미래가 오지 않도록 사회의 진로를 트는 수단이다. 지금의 선별적이고 역진적인 소득보장 체제를 기본소득 중심의 보편적 소득보장 체제로 바꾸자. 이걸 넛지nudge 삼아 성장 방식을 일대 혁신하자.

자살을 부르는 성장에서 행복을 약속하는 성장으로

"한국의 압축적 경제성장은 시민들의 삶을 풍요롭게 하는 성장이 아니라 '자살 친화적 성장'이었다."[54] 대한민국의 성장 방식 문제는 이 한 문장으로 요약된다. 한국의 1인당 GDP는 1990년에서 2018년 사이에 6,300달러에서 빠르게 올라 3만 달러를 넘어섰다. 그런데 같은 기간 자살률도 무려 179.5 퍼센트나 증가했다. OECD 34개 나라에서 자살률이 평균 25

퍼센트 감소하는 동안 말이다. 높은 자살률의 이면에 있는 한국인의 심리는 항시 울분 상태다. 2018년 서울대 유명순 교수 팀 연구에 따르면, 중증 이상 울분 상태인 사람이 독일은 전체 인구의 2.5퍼센트인 데 비해 한국은 14.7퍼센트로 매우 높다.

나라가 부유해지는 사이 국민은 불행해졌다. 억울하고 분하고 경쟁에 지치고 앞날은 불안하다. 희망보다 절망을 자주 느낀다. 돌격대처럼 앞을 향해 달린 한국 성장 신화의 현주소다. 자살 친화적 성장은 동시에 재생산에 적대적인 성장이다. OECD 국가 가운데 가장 극적으로 하락한 출산율이 이를 잘 말해준다. 이러한 성장 방식을 가진 사회는 결코 지속될 수 없다. 성장 방식을 틀어야만 한다.

어떻게 틀어야 하는가? 첫째, 사람에 대한 투자를 늘려야 한다. 인적 숙련 고도화에 지원해야 한다. 한국 기업들은 기업 경쟁력을 높이는 과정에서 노동 숙련을 향상하기보다 자동화와 외주화로 인력을 감축하는 쉬운 길을 택했다. 하지만 독일의 예를 봐도 첨단기술은 이를 다루는 숙련노동과 결합할 때 생산성의 꾸준한 증대로 이어진다. 둘째, 수출 위주에서 수출-내수 균형발전으로 방향을 바꾸어야 한다. 한국 경제를 이끌어온 수출 주도형 성장 체제는 세계의 구조적 저성장, 미중 패권 경쟁 시대에 변화를 요구받고 있다. 끝으로 잿빛산업을 녹색산업으로 전환해야 한다. 석탄화력을 비롯해 탄소를 대량 배출하는 산업은 서둘러 폐지하고, 그 자원은 재생에너지 기반 산업에 재배치해야 한다. 단 노동자들의 불안을 최소화하는 '정의로운 전환'이 되어야 할 것이다.

그런데 성장 방식 전환을 위해선 현재의 소득보장 체제도 전환해야 한다. 지금의 소득보장 체제를 구성하는 두 축은 공공부조와 사회보험제도다. 공공부조는 선별 복지라 사각지대가 크고, 사회보험제도는 정규직 노동자 중심이어서 다수의 불안정 노동자를 배제한다. 소득보장 체제 전환의 첫 번째 과제는 기본소득 보장이다. 시민권을 근거로, 취업 여부와 상관없이, 일정한 생활수준을 국가가 책임져줘야 한다. 다른 과제는 '소득 비례 사회보험'의 도입이다. 고용 형태, 취업 형태와 상관없이 일해서 소득을 버는 사람 모두를 제도에 포괄하자는 것이다. 새로운 소득보장 체제는 1층에 기본소득을, 2층엔 소득 비례 사회보험을 갖춘 구조다. 이로써 기존 체제의 수많은 사각지대를 메울 수 있다.

「미래도시 연구보고서」는 디스토피아를 피하는 방법을 조언한다. 인공지능이 주는 편의를 누리되, 인공지능을 도입할 때부터 사람을 대체하는 것이 아니라 보조하는 수단으로 인공지능을 발전시키자. 인공지능 혁신에 투자하고, 동시에 그것을 스마트하게 사용할 인적 역량도 키워내자. 그러려면 낙오자만 구제하는 선별적 안전망 대신 '창의적 실패'에 친화적인 보편적 안전망을 만들어야 한다.

우리는 '0.003 대 99.997'의 우울한 미래를 숙명으로 생각하지 않는다. 그런 사회에서 단지 생존시켜달라고 기본소득을 요구하는 건 더더욱 아니다. 그런 우울한 미래를 피하기 위해, 미래를 원하는 대로 만들기 위해 기본소득을 요구한다. 기본소득과 함께, 자살을 부르는 성장을 행복한 성장으로 전환하자.

〈2023년 1월〉

복지를 늘릴 건가, 윗돌 빼 아랫돌을 괼 건가

분배에 관한 사고실험

분배 정책에 관한 사고실험을 하나 해보자. 갑, 을, 병 세 사람으로 구성된 사회가 있다. 세 사람의 소득은 갑이 0원, 을이 100만 원, 병이 500만 원이다. 딱 봐도 불평등한 사회다.

갑과 을의 처지를 개선하고 사회 불평등을 줄이기 위해 두 정책이 제안되었다. 두 정책 모두 가장 가난한 갑에게 최소 소득을 채워주는 건 같으나 방식은 다르다.

우선 '정책①'은 병에게만 50만 원을 내게 해서(세율 10퍼센트) 갑에게 준다. 정책 실시 후 소득 상태는 '갑 50만 원/을 100만 원/병 450만 원'이다.

'정책②'는 을, 병에게 세금을 걷어 그 돈으로 셋 모두 기본소득을 50만 원씩 나눴다. 필요한 150만 원은 을이 25만 원, 병이 125만 원을 내어 마련한다(세율 25퍼센트). 정책 실시 후 소득 상태는 '갑 50만 원/을 125만 원/병 425만 원'이다. 낸 세금과 받은 기본소득을 합친 결과다.

	갑	을	병
최초 상태	0원	100만 원	500만 원
정책① 후	50만 원	100만 원	450만 원
	갑만 선별 지원, 세금은 병만 부담		
정책② 후	50만 원	125만 원	425만 원
	기본소득 지원, 세금은 을·병 함께 부담		

●── 정책에 따른 갑, 을, 병의 경제적 상태.

정책① 지지자들은 정책②를 향해, 갑에게 준 돈은 50만 원으로 같으면서 예산이 세 배나 더 든다며 비판할 것이다(50만 원/150만 원). 하지만 그 지적은 틀렸다. 정책②에 150만 원이 드는 것처럼 보이지만 그건 명목상 금액이고, 실제로 병에게서 갑과 을에게 이전된 금액은 75만 원이다. 정책①보다 1.5배 많을 뿐이다.

불평등 개선 효과는 어떨까. 소득 재분배 이전의 최초 갑,

을, 병 상태에서 지니계수(불평등지수)를 구해보면 약 0.55이다. 정책①을 도입하면 지니계수는 약 0.44로 낮아진다. 그리고 정책②를 도입하면 지니계수는 약 0.41로 더 낮아진다(지니계수는 낮을수록 평등에 가깝다). 돈이 조금 더 들지만 정책②는 정책①보다 불평등 개선 효과가 크다.

이보다 중요한 사회적 효과가 있다. 정책②에서 을은 '참여하는 시민'이 된다. 정책①에서 을은 병이 얼마를 내고 갑이 얼마를 받든 무심하다. 자기와 상관없기 때문이다. 그러나 정책②에서 을은 납세에 참여하기에 자신이 사회에서 받는 혜택에도 관심이 커질 수밖에 없다. 따라서 을은 갑과 연대해 불평등 개선에 나설 동기를 가지게 된다.

두 정책은 동등한 최소 소득을 가장 힘든 시민에게 보장한다는 점에서 같다. 그런데 정책①은 최소 예산으로 가장 열악한 사람만 '핀셋' 지원한다. 정책②는 모두에게 기본소득을 주면서 재원을 더 크게 마련했다. 그런데도 정책①보다 예산이 그리 많이 들지 않고, 불평등 개선이나 사회적 참여 효과 등은 더 크다. 합리적인 사람이라면 기본소득 방식에도 마음을 열지 못할 이유가 없다. 경제적 효과 말고 다른 소신으로 선별 지원을 지지하는 사람이 아니라면 말이다.

그래서인지 선별 지원을 지지하는 정치인과 학자들은 자기 주장을 설득하기 위해 슬그머니 전제를 하나 더 가져온다. 복지 증세는 불가능하고 예산은 한정돼 있다고 전제하는 것이다. 가령 그들은 정책①에서 제시된 예산을 불변으로 둔다. "예산은 50만 원뿐"이라고 못 박고 그걸 기본소득으로 주면 갑을병 각각에게 약 16.7만 원밖에 못 준다고 말한다. 그러고는 기본소득은 불평등 개선 효과도 없고, '을'로 대표되는 중간소득자들에게 '용돈'이나 주려고 더 힘든 '갑'을 외면하는 잘못된 정책이라고 말한다. 기본소득의 반대자들이 줄곧 해온 비판이다. 그러나 잘못된 전제에서 잘못된 결론을 끌어내는 건 바로 기본소득의 반대자들이다. '예산은 고정불변'이라는 전제에 갇히면 기본소득의 철학은 물론이고 경제적 효과도 올바로 이해할 수 없다.

복지예산 대체하는 안심소득의 한계

2023년 2월 3일 언론은 "'오세훈표 안심소득'이 기본소득보다 불평등 완화, 실업률 감소 효과가 크다"며 크게 보도했다. 전날 한국경제학회가 주최한 학술대회에서 '안심소득' 정책을 설계한 성신여대 박기성 교수가 발표한 연구 결과가 그 근거다. 안심소득은 오세훈 서울시장이 '기본소득의 대항마'라며 내세우는 정책이다. 박 교수는 "같은 돈을 투입한다면 안심소득에 투입하는 것이 효과적"이라고 했다. 일부 언론은 "기본소득은 양극화 해법이 될 수 없다"고도 썼다.

오세훈 서울시장이 시범 사업을 벌이며 적극 홍보하는 안심소득은, 경제학자 밀턴 프리드먼이 제안한 '음의 소득세'가 원형인 선별적 소득보장제도다. '기준 소득'을 정해놓고 그 이하를 버는 저소득층에게 시장 소득과 기준 소득의 차액 절반을 지원하는 정책이다. 예를 들어 기준 소득이 연 3,000만 원이고 안심소득 대상 가구가 시장에서 연 2,000만 원을 번다면, 차액의 절반인 500만 원을 채워주는 것이다(실제론 재산 기준 등이 있어서 더 복잡하다).

그런데 박 교수가 안심소득과 기본소득을 비교하기에 앞서 세운 전제가 특이하다. "현재 복지예산 가운데 30조 원을 대체하여 이를 안심소득 또는 기본소득으로 지급"한다고 가정한 것이다. 제도를 위해 증세와 같은 추가 재원 마련을 고려하지 않는다는 얘기다. 30조 원은 국민기초생활보장제도의 생계급여·주거급여, 근로·자녀 장려금, 기초연금을 합친 예산과 대략 같다. 여기서 안심소득의 목적이 보인다. 안심소득의 목적은 복지 확대가 아니라 '복지 구조조정'이다.

예산이 고정돼 있다면, 모두에게 똑같이 나눠주기보다 소득 최하층에게 더 많이 주고 위로 갈수록 금액을 줄이면 예산 범위 안에선 재분배 효과가 커질 것이다. 문제는 그 예산이 애초에 너무 적다면 사회 전체의 불평등을 줄이는 효과가 미미하다는 것이다.

한국처럼 양극화가 심하고 공적 복지예산이 적은 나라에서는 분배의 '파이'를 늘려야 한다. 하지만 안심소득은 파이 늘리기는 포기하고 파이 일부를 떼어 분배 방식만 바꾸자고 한다. 마치 저 언덕 위 부잣집 풀장에는 물이 가득 차 있는데, 마을의 말라가는 우물물만 어떻게 나누면 효율적일지 따지는 것과 같다. 게다가 증세 없이, 추가 재원을 마련하지 않고 분배 방식만 바꾸는 방식은 소득 최하층의 처지는 조금 개선하더라도 차상위층 중에서 복지 지원이 줄어드는 사람을 나오게 만든다. 이건 윗돌 빼서 아랫돌 괴는 셈이다. 정책 수혜 집단이 좁으니 제도를 확대하자는 여론도 생기기 어렵다.

반면 기본소득은 복지 증세와 부의 재분배를 이끌어내기가 훨씬 유리하다. 빈곤층뿐만 아니라 대다수 시민이 함께 혜택을 보는 보편주의 방식이기 때문이다. 우물물만 보지 말고 사회의 커다란 풀장에 가득한 물을 모두의 수도로 흘려보내자는 것이다.

기본소득도 안심소득도 노동만으로 소득보장이 불가능한 시대의 정책 대안으로 등장했다. 그 점에서 안심소득의 취지도 인정할 수 있다. 정책 대안들을 정치인의 차별화 도구로 가두지 말고, 공정하게 서로 평가하고 생산적으로 논쟁해야 한다. 그것이 좋은 미래를 앞당기는 길이다.

〈2023년 2월〉

'햇빛·바람 연금', 기본소득사회로 가는 다리 될까

인구 290명 남짓인 전남 신안군 자라도. 그곳에 있는 자라 분교는 올해까지 3년째 신입생이 없어 폐교가 확실시됐다가, 취학 연령대 아동 15명이 새로 전입하면서 폐교 결정이 연기 됐다. 인구 유입 계기는 신안군이 재작년부터 시행하고 있는 '햇빛연금'이다.

햇빛연금은 신안군이 2018년에 제정한 '신재생에너지 개 발이익 공유 등에 관한 조례'에 따라, 기업이 폐염전이나 폐 양식장에 태양광발전소를 설치할 때 지역 주민이 지분 참여 를 통해 발전 수익을 배당받는 제도다. 24MW 태양광발전소 가 설치된 자라도는 주민 1인당 분기별 최대 51만 원을 지급

받는다(연 204만 원). 자라도가 속한 안좌면은 햇빛연금 시행 후 인구가 65명 이상 늘었다. 햇빛연금이 폐교 위기의 학교를 살린 셈이다.

신안군의 시도는 그 자체로 지역 소멸 위기에 대응하는 주목할 만한 사례다. 햇빛연금이 '기본소득사회'로 나아가는 튼튼한 다리 역할을 해줄 거란 기대도 생긴다.

기후 위기와 지역 소멸 넘는 햇빛연금

기본소득제도의 목표는 공동체 성원 모두에게 경제적 안전을 보장하는 것이다. 그런데 충분한 수준으로 기본소득을 보장하려면 상당한 재정이 든다. 조세 수입으로 이 재정을 충당하려면 매우 급진적인 증세가 불가피하다. 하지만 짧은 시간에 세금 부담을 확 높이기 어려우니 기본소득의 현실 가능성에 대해 비판이 제기된다. 그러나 기본소득을 반드시 조세만으로 할 필요는 없다. 지역마다 이미 가지고 있는 '공동 자원'을 활용해, 그 수익을 공동체 차원 주민배당으로 지급할 수 있다. 그 이름은 햇빛연금, 바람연금, 지하수배당, 생태보전배당 등 다양할 것이다. 지역 특색 기본소득인 셈이다.

공동 자원은 우리 곁에 넘쳐난다. 토지, 지하자원, 햇빛, 바람, 물, 공기처럼 자연이 준 선물이 공동 자원이다. 오랜 세월에 걸쳐 사람들이 협력하며 축적한 지식, 문화, 문화재 등도 공동 자원에 포함된다. 공동 자원은 모두 공유한 부富라는 뜻에서 '공유부'라고도 한다. 공동 자원은 모두에게 주어진 선물이기에 이 선물을 이용할 권리 역시 모두에게 있다. 또한 공동 자원을 이용해 발생시킨 수익에 대해 공동체 성원은 자기 몫을 요구할 권리가 있다.

이러한 사상을 실제 구현한 해외 사례가 여럿 있다. 잘 알려진 것처럼 미국 알래스카주는 노스슬로프 유전에서 발생하는 석유 판매 수익을 토대로 '알래스카영구기금'을 만들어 1982년부터 매년 1회, 알래스카에 1년 이상 거주한 모든 시민에게 주민배당을 지급한다. 몽골은 광물자원 개발 이익으로 '인간개발기금'을 조성해 2010년부터 아동 보조금을 지급했다. 설계상 문제로 보조금 정책은 3년만 지속됐지만 빈곤율을 크게 낮췄다. 볼리비아는 2008년부터 천연가스 판매 수입의 30퍼센트를 재원으로 삼아 노령연금제도를 시작했다.

햇빛연금 같은 사례가 늘어나면 기본소득제도를 여러 층으로 구성할 수 있다. 1층에는 조세를 기반으로 하는 전 국민 보편적 기본소득제도를 둔다. 2층에는 공동 자원을 기반으로 하는 지자체 차원의 주민배당을, 3층에는 다양한 소규모 공동체 주민배당을 얹는다. 이처럼 제도를 결합하면 '모두의 경제적 안전'이라는 목표를 빨리 앞당길 수 있다. 따라서 지역의 이러한 사례에 주목하고 연구하여, 국가 차원으로 확산시킬 방안을 찾아야 한다.

신안군의 사례가 특히 중요한 것은 기후변화와 고령화·지역 소멸이라는 두 개의 위기에 동시에 대응하는 해법이기 때문이다. 물론 재생에너지 발전에도 환경문제 등 논란의 지점이 있다. 그러나 태양광과 풍력 없이 탈탄소 및 탈원전 사회로 갈 수 없고, 에너지 전환을 앞당기려면 지역 주민이 참여해 이익을 공유하는 방식이 효과적이다. 신안군에서도 처음에는 지자체를 믿지 못하는 주민들의 반대가 심했다. 그러나 박우량 신안군수가 소신을 가지고 이들을 설득해냈다.

먼저 태양광발전소를 설치한 자라도와 안좌도에서 2021년 4월부터 주민배당을 시작했고, 2023년에 다섯 섬에서 제도가 추가로 시행된다. 2024년에 여덟 섬으로 확대되면 전체 군민의 45퍼센트가 배당을 받는다. 신안군은 8.2GW 해상풍력 단지도 2030년까지 조성할 계획인데, 역시 주민 참여 방식을 통해 1인당 연 최고 600만 원까지 배당받는다.

　제주도의 공동 자원 이익 공유 사례도 주목할 만하다. 천혜의 공동 자원이 풍부한 제주도는 난개발과 사유화로 많이 파괴됐어도 여전히 마을공동체 단위의 공동 자원 관리 제도가 남아 있다. 어떤 마을은 공동 목장에 풍력발전기를 설치해 그 수익을 장학금이나 노인연금으로 지급하고, 어떤 마을은 국가 소유의 생태습지를 공동 자원으로 여겨 관리하면서 생태관광 프로그램을 운영해 수익을 창출한다.

　'제주삼다수 주민배당' 제안도 있다. 제주개발공사는 먹는 샘물 '삼다수'의 판매 수익을 매년 제주도에 170억 원씩 배당하는데 제주도는 이를 일반예산에 편입해 사용한다. 그러나 지하수가 공동 자원인 만큼 주민배당 방식이 옳다는 지적이다. 제주 도민의 생명수인 지하수를 제대로 관리·보존하면서 지하수 이용 수익을 도민에게 배당하라는 것이다. 지하수 이용 수익을 제주도에서 '청년기본소득'을 실시하는 데 쓸 수도 있겠다. 제주도에서 경기도처럼 청년기본소득을 주면 연 87억 원 정도 든다. 그보다 넉넉한 제주도 청년기본소득을 지급한다면 청년의 육지 유출을 줄일 수 있을 것이다.

'공유지의 비극' 넘는 공유부 주민배당

경제학자 엘리너 오스트롬은 이른바 '공유지의 비극'에 대해 공동체적 참여와 관리로 공유지의 풍요를 유지할 수 있음을 다양한 실례를 들어 입증했다. 공유지를 사유화해 개별 관리하거나, 반대로 국가가 위로부터 통제하는 해법밖에 없다는 주장을 반박한 것이다.[55]

그의 통찰에 따르면, 공동 자원 기반의 주민배당은 단지 기본소득제도의 재정 마련 이상의 중요한 의미를 가진다. 공동체 성원들이 공동 자원의 가치 및 자기 삶과의 관계를 인식하고, 공동 자원의 회복과 보전에 참여할 동기를 부여하기 때문이다.

더 미룰 수 없는 기후 위기 해법을 찾고, 기본소득으로 모두의 경제적 안전을 보장하기 위해, 공동 자원에 본격적으로 주목할 때다.

〈2023년 3월〉

챗GPT, AI 시대
'일의 미래'는?

챗GPT에게 "사랑하는 연인이 기차역에서 이별하는 장면을 시나리오 형식으로 써달라"고 요청해보았다. 놀랍게도 챗GPT는 몇 초 만에 다음처럼 시작하는 대본을 만들어냈다.

기차가 도착하자 남자가 여자에게 말한다.
(남자) 정말 떠나는 거야? 우리 약속은 어떻게 되는 거야?
(여자) 미안해. 그 약속은 이미 끝났어. 우리가 함께한 추억은 영원할 거야······.

대화형 인공지능 챗GPT와 대화해보면 그 똑똑함에 감

탄하다가도 틀린 대답이 많다는 걸 깨닫는다. 이른바 환각 hallucination 문제다. 그러나 이야기를 지어내는 영역에선 별 문제가 안 될 수 있다. 실제로 AI는 정보 제공이나 비서 역할을 넘어 예술 창작자까지 넘보고 있다. 이런 챗GPT가 사회에 준 충격은 2016년 '알파고' 등장 때보다 훨씬 크다. 알파고와 인간의 바둑 시합은 그저 지켜봤을 뿐이지만 챗GPT는 수억 명이 직접 사용해본 까닭이다.

AI의 진화는 어디까지일까? 확실한 건 그것이 인간 노동에 엄청난 변화를 가져오리라는 것이다. 따라서 우리는 '알파고 충격' 당시 제기된 질문을 다시 진지하게 꺼내게 된다. AI가 인간 노동을 대신하는 세상에서 인간은 무얼 해야 하나? '일의 미래'는 어떻게 달라질 것인가?

AI가 발달한다고 인간의 일자리가 대번에 소멸하지는 않을 것이다. 하지만 일자리의 양이 유지되더라도 열악하고 불안정한 일자리로 채워질 가능성은 매우 크다. 극단적으로 AI의 작동을 떠받치는 노동과 AI에 의해 철저히 통제되는 노동만 남을 수 있다.

이미 고스트 워크ghost work라고 불리는 '숨은 노동'이 AI 작동을 떠받치고 있다. 챗GPT가 윤리적으로 적절한 대답을 하도록 만들기 위해서는 윤리적으로 해로운 데이터를 따로 분류하고 주석을 달아서(레이블링) AI에게 학습시켜야 한다. 그런데 그 레이블링 작업을 저임금으로 고용된 케냐 노동자들이 하고 있다. 그들은 매일같이 살인, 성폭행, 범죄와 관련된 정보를 들여다보느라 정신적 고통을 겪는다. 한편 세계 최대 유통업체인 아마존의 노동자들이 하는 상품 분류 작업은 AI에 의해 작업 속도와 강도가 완벽히 통제되는 대표적인 사례다.[56]

그런 일자리라도 얻으려고 경쟁하는 것이 AI 시대에 인간에게 남은 유일한 선택이라면 끔찍하다. 우리가 진짜 바라는 건 AI의 도움을 받으며 더 창의적인 노동에 종사할 기회다. 먹고살기 위한 노동에서 벗어나 '의미 있는 일'을 찾을 자유다.

AI 시대, 더 나은 '일의 미래'에는 기본소득이 필수

의미 있는 일이란 어떤 일일까? 19세기 말 사회주의자이자 예술가적 장인이었던 윌리엄 모리스는 '모든 노동이 예술이 되는 사회'를 꿈꿨다. 일은 즐겁고 예술적인 행위가 되어야 하며, 그러기 위해선 과도하게 힘들거나 불안한 작업 조건은 사라져야 한다. 그는 인간이 일을 예술 행위처럼 할 수 있을 때 삶도 아름답고 이성적으로 변하리라고 보았다. 이에 더해 우리는 의미 있는 일의 요소에 작업의 자율적 통제 가능성, 사회적 인정과 존중, 공동체에 기여하는 효능감 등을 추가할 수 있다.

우리 앞에 두 갈래의 미래가 있다. 하나는 AI의 통제 아래 대다수 사람들이 열악하고 소외된 노동을 반복하고 AI가 창출한 이익은 극소수가 차지하는 미래다. 다른 하나는 AI를 인간에게 봉사하게 만들고 인간은 초생산성의 혜택을 누리며 고된 노동에서 해방되어 의미 있는 일을 하는 미래다. 두 미래 가운데 당연히 더 나은 방향, 그러니까 후자를 택해야 한다. 그래서 기본소득에 주목한다. 더 나은 미래로 가는 핵심 수단이기 때문이다.

기본소득은 모든 사람에게 일정한 소득을 보장하는 제도다. 소득은 노동과 단단히 연결되어야 한다는 기존의 상식에 도전한다. 충분한 기본소득이 제공되면, 사람들은 열악하고 보람 없고 자존감 떨어뜨리는 노동은 거부할 것이다. 만약 그것이 사회에 꼭 필요한 노동이라면, 기업과 정부는 노동자를 불러들이기 위해 더 넉넉한 보상과 작업환경 개선을 약속할 것이다.

기본소득이 주어지면 사람들은 '시간 자본'을 얻게 되고, 이를 활용해 적성에 맞는 일을 탐색하고 역량을 계발해 보다 의미 있고 가치 있는 일로 이동할 것이다. 기본소득 이론가 파레이스는 사람들은 어떤 일이 자신에게 좋은 일인지 알고 있으며, 기본소득이 보장되면 금전보다 '자체의 매력'을 동인으로 일을 선택할 수 있기 때문에 사회에 '좋은 일'이 늘어날 것이라고 본다.[57]

그렇지만 기본소득 보장에는 막대한 재정이 든다. 이 재정은 어떻게 마련할 것인가? 이 질문에 답하기 앞서 우선 AI가 만들어내는 수익이 누구에게 돌아가야 하는지부터 질문해보자. 시중에 이미 챗GPT가 저자가 돼 지은 책들이 팔린다. 이 책의 인세는 누구에게 지급해야 하는가?(이런 종류의 책을 낸 출판사 한 곳은 수익금을 전액 기부하겠다고 밝혔다.)

AI의 성능은 인터넷에 공개된 대규모 데이터를 바탕으로 학습한 결과다. 사회 구성원들이 함께 조성해낸 원천 데이터를 가지고 수익을 발생시켰다면, 그 수익 전체를 인공지능 소유주나 인공지능을 활용한 기업이 다 차지하는 건 정당하지 않다. 그렇다고 방대한 '빅데이터'에 포함된 개별 데이터에 일일이 보상할 수도 없다. 원천 데이터를 '공유부'로 보고, 이를 활용해 얻은 이익 일부는 '모두의 몫'이니 사회에 환원토록 조세 및 분배 시스템을 만드는 것이 낫다.

나는 지난 대선에 기본소득당 후보로 출마해 '데이터배당 기본소득'을 공약했다. 구글이나 네이버 등 빅테크기업이 빅데이터를 활용해 얻은 초과이익 일부를 '데이터세'로 거둬들이고, 그 세수를 전 국민에게 기본소득으로 주자는 것이다. AI를 똑똑하게 만드는 재료인 데이터는 사회 구성원들이 집단적으로 제공했다. 사회 구성원들은 AI가 창출한 수익에도 일정한 몫을 요구할 권리가 있다. 어떤 방식이 됐든 AI가 만든 수익의 정당한 사회적 분배 방식을 서둘러 합의해야 한다.

1960년대에 처음 제작돼 여러 번 리메이크된 SF 드라마 〈스타트렉〉에서, 인류는 물질적 궁핍과 생계 노동에서 해방되자 우주로 모험을 떠난다. AI의 놀라운 발달에 국가의 혁신적 역할과 기본소득이라는 과감한 분배 제도가 더해지면, 우리 미래에도 위대한 모험의 시대가 열리지 않을까?

〈2023년 3월〉

'놀이시설 패스권' 논쟁을 기본소득 토론으로

"먼저 줄 선 사람들이 서비스를 먼저 받는 건 당연한데, 이 경우엔 돈을 더 낸 사람에게 새치기할 권리를 준 것이다." 무엇에 대한 얘길까?

일명 '놀이시설 패스권'이라고 불리는 우선 탑승권 얘기다. 이 패스권이 갑자기 화제가 됐다. TV 프로그램에서 정재승 카이스트 뇌과학과 교수가 언급한 것이 시작이었다(2023년 4월 2일 SBS 〈집사부일체〉). 롯데월드나 에버랜드 등 유명 놀이시설에선 패스권을 구매하면 인기 놀이기구를 줄 서지 않고 먼저 탈 수 있다. 패스권은 일반권보다 비싸다. 정 교수는 패스권이 돈으로 새치기할 권리를 사는 거라고 비판하며, 사회가 돈 없는 사람과 있는 사람을 다르게 대우하는 걸 아이들이 배우게 된다고 걱정했다.

온라인상에서 갑론을박이 벌어졌다. "패스권이 헌법의 평등권을 침해한다"부터 "자본주의사회에서 기업과 소비자의 자유로운 선택이다"까지 다양한 입장이 부딪쳤다. 논쟁은 이번이 처음은 아니다. 2016년에 롯데월드가 '매직패스'라는 우선 탑승권을 발매했을 때 '돈으로 허용하는 새치기'란 비판과 논쟁이 있었다. 논쟁이 다시 일어난 걸 보면 그만큼 결론짓기 힘든 주제란 뜻이다.

사회엔 돈으로 살 수 없는 것이 있다

미국은 우리보다 앞서 논쟁을 벌였다. 정치철학자 마이클 샌델은 『돈으로 살 수 없는 것들』(2012년)에서 우선 탑승권을 소재로 시장 논리가 사회 여러 영역에 파고드는 문제를 지적했다. 돈을 더 내면 러시아워 때 빨리 가는 차선을 제공받는 제도나, 방청권을 얻기 위한 줄 서기를 돈을 주고 남에게 맡기는 일을 예로 들며, 샌델은 우리가 도덕적 가치판단을 시장에 맡겨버리고 있다고 비판한다. 샌델은 우리가 능동적으로 시장의 도덕적 한계를 설정할 수 있어야 한다고 주장한다.

나도 '패스권' 주제에 관련한 경험이 있다.『평등, 헤아리는 마음의 이름』(2019년)을 쓸 때 청소년들이 느끼는 '공정'의 기준을 알고 싶어 그들을 자주 만나 여러 질문을 했다. 패스권에 대한 의견도 물었는데, 대부분은 "그게 뭐가 문제인가요?"라고 반응했다. 패스권도 하나의 상품이고, 구매할지 말지는 개인의 선택이란 얘기였다.

처음엔 좀 놀랐다. '패스권 절대 반대'는 아니어도 거부감이 있던 나와는 많이 달라서다. 그런데 대화해보니, 그 청소년들도 '돈만 내면 뭐든 살 수 있다'고 생각하지는 않았다. 병원이 응급환자를 치료할 때 돈을 더 낸 환자부터 먼저 치료해도 된다거나, 돈을 더 내면 입시에 편의를 봐줘도 된다고 말하지 않았다. 돈으로 살 수 없는 것이 있다고 보지만 다만 패스권은 그렇게 여기지 않았을 뿐이다.

패스권 같은 건 모르고 어린 시절을 보낸 세대와, 놀이동산에 처음 갈 때부터 그것이 있는 세대는 감각이 다르다. 이미 패스권에 별 모욕감이나 박탈감을 느끼지 않는 소비자에겐 '돈으로 허용된 새치기'라는 지적이 공감보다는 반감을 불러일으킬 수 있다. 그들에겐 패스권에 반대하는 다음의 입장이 오히려 설득력이 있을지 모른다. 놀이동산 사업자는 이용자에게 적정가격을 받고 안전하고 쾌적한 서비스 제공을 약속했다. 안전하고 쾌적한 서비스를 제공하려면 이용 인원을 적절히 통제해야 한다. 하지만 사업자는 수익을 늘리려고 인원을 제한 없이 받아 서비스 질을 떨어뜨렸다. 이처럼 서비스 제공 의무는 다하지 않고 줄 서기에 지친 일부 소비자에게만 웃돈을 받고 특혜를 준 것은 소비자와의 계약 위반이다. 이런 시각에서 보면 놀이시설 패스권은 자본주의에서 당연한 것이 아니라 자본주의 공정시장 원칙에 비춰 문제가 있는 제도다.

하지만 이 입장도 패스권을 넘어 적용할 때는 신중해야 한다. 자본주의 시장 원칙을 앞세워선 안 되는 필수재의 영역이 있기 때문이다. 필수재는 인간이 존엄성을 유지하려면 갖춰야 하는 재화나 서비스다. 교육, 주거, 의료, 교통, 에너지 등이 여기에 속한다. 이 영역조차 오로지 각자의 지불 능력에 비례해 서비스를 제공해야 할까? 돈을 내면 제한 없이 구매할 수 있어야 할까? 그걸 막으면 선택의 자유를 막는 걸까? 그렇지 않다.

필수재의 영역에선 돈으로 살 수 없는 '기본권'이 있음을 분명히 해야 한다. '누구든 충분히 쾌적하고 안전할 수 있는 기본적 권리를 먼저 보장하고, 그 이상에 대해선 개인의 선택을 존중한다'가 원칙이어야 한다. 이처럼 원칙의 선후를 정하는 건 곧 자원을 무엇에 먼저 분배할지 순서를 정하는 것이다.

패스권 논쟁에서 분배정의 토론으로

한편 패스권 논쟁에서 분배정의의 쟁점도 끌어낼 수 있다. '패스권을 구매하면 놀이기구 우선 탑승이라는 보상을 받는다'는 건 '소득분배는 능력에 따라 이뤄져야 한다'는 시각과 통한다. 시장주의 혹은 능력주의다. 반대하는 입장에선 소득분배는 '필요'에 따라 이뤄져야 한다거나, 소득격차를 강제적으로라도 최소화하자고 말하기도 한다.

정치학자 노먼 프롤리히와 조 오펜하이머는 사람들이 어떤 소득분배 원칙을 정의롭다고 이해하는지 설문조사를 했다. 두 학자가 제시한 선택지는 네 개다. ①동등한 최저 소득을 보장한 후 평균 소득을 최대화하는 원칙, ②평균 소득을 최대화하는 시장주의 원칙, ③빈부격차를 최소화하는 원칙, ④최소 수혜자의 소득 수준을 최대로 향상하는 데 집중하는 존 롤

스의 차등 원칙이다.[58]

①은 일정한 소득을 모두에게 동등하게 제공하고, 그 기반 위에 각자 노력해서 추가 소득을 올리도록 허용한다. ②는 시장에서 능력껏 경쟁하게 하고, 그 경쟁을 통해 전체 파이가 커지도록 한다. ③은 사회가 소득 상한선과 하한선을 정해서 결과의 평등을 추구한다. ④는 분배의 우선순위를 가장 어려운 사람에게 맞춰 그들의 소득을 최대한 끌어올리는 데 목표를 둔다.

숙의를 거쳐 고르게 하니 대다수가 ①을 택했다. 기본적인 소득은 똑같이 보장해주고, 그다음엔 노력과 능력대로 보상을 얻어가는 방식을 선호한 것이다. 이처럼 사람들은 선택할 수 있다면 철저한 능력주의나 선별주의 또는 완전 평등주의가 아닌 다른 분배 방식을 택한다. 그리고 이 분배정의 원칙을 제도로 구현한 것이 '기본소득'이다. 기본소득은 '공유부'의 권리를 근거로 모두의 기본 필요를 보장하는 제도다. 공동체의 부를 활용해 충분한 기본소득을 모두에게 제공한다면, 노력 동기를 꺾지 않으면서 불평등을 효과적으로 줄일 수 있다.

패스권 논쟁이 쏘아올린 작은 공을 어디로 굴리면 좋을까? '패스권이 싫으면 놀이공원 가지 마' 같은 비난은 공허하다.

이 논쟁을 계기로 돈으로 살 수 없는 재화가 무엇인지, 그런 재화는 어떤 원리로 분배할지, 어떤 소득분배 방식이 효율적이고 정의로운지 사회적 대화가 이어졌으면 한다.

〈2023년 4월〉

정당이 대기업 말고
유권자 눈치를 보게 하라

민주주의 정치제도에서 1인 1표는 상식이다. 부자든 빈자든 동등한 1표를 행사하는 것이 민주주의라고 배웠다. 그런데 실제로 모든 표는 동등할까?

정치에는 돈이 든다. 그래서 정치인은 정치자금 모금에 사활을 건다. 정치인이 고액 후원자의 영향을 받지 않을 수 없는 이유다. 바이든 미국 대통령은 당선 후 고액 기부자들을 대사로 지명해 눈총을 샀다. 50만 달러를 기부한 메그 휘트먼 전 이베이 CEO는 케냐 대사로 지명됐다. 외교 분야 경험이 전혀 없는데도 말이다.

유권자가 1표씩 똑같이 가졌다 해도 정치인이 고액 후원자의 관심사에 더 민감하게 반응하면 표의 영향력은 동등하지 않다. 또한 정치인이 고액 기부자의 관심사를 좇을수록, 정치에 후원할 여유가 없는 일반 유권자는 정치 효능감을 잃는다. 갈수록 민주주의 운동장은 기울어진다.

1인 1표는 과연 민주주의 정치의 상식인가

미국 캘리포니아 오클랜드시는 2024년 선거부터 '민주주의 달러Democracy Dollars' 제도를 시행하기로 했다. 등록한 모든 유권자에게 연간 100달러의 정치 후원 바우처를 제공해 시교육위원, 시의원, 시장 후보자에게 자유롭게 후원하도록 한 것이다. 2022년 시의회는 관련 법안을 통과시켰다. 기울어진 민주주의를 평평하게 만들자는 취지다.

그동안 공직선거는 고액 기부자의 후원을 받는 엘리트 정치인들의 무대였다. 민주주의 달러 도입을 지지하는 운동가들은 이 제도가 풀뿌리 후보자를 위한 '게임체인저'가 되리라고 기대한다. 많은 자산이나 부유한 기부자 인맥이 없는 후보들도 리더십을 발휘해 민주주의 달러를 모으면 부유한 후보들과 겨룰 자금을 마련할 수 있기 때문이다.

오클랜드시의 민주주의 달러는 선거제도 개혁과 함께 도입되었다. 민주주의 달러 제도로 후원받는 공직 후보자는 최고액 기부자 세 명을 공개해야 하고, 강화된 선거자금 지출 규제를 지켜야 한다. 후보 토론회 등 주요 행사에도 반드시 참여해야 한다. 지금껏 소수 고액 기부자에 의지한 후보자들은 토론회 등 일반 유권자를 위한 선거운동에 무관심했음을 알 수 있다.

민주주의 달러 제도는 2016년 미국 시애틀시에서 시작했는데, 긍정적인 효과가 나타나면서 다른 지자체로 확대되는 중이다. 시애틀에서 제도 시작 후에 소액 후원 참여가 활발해졌고, 특히 그동안 정치에서 소외된 인구 집단에서 참여가 늘었다. 바우처를 사용한 흑인 유권자와 히스패닉 유권자의 비율은 2019~2021년 사이 두 배 이상 증가했다. 이들만큼은 아니지만 백인 유권자의 바우처 사용률도 늘었다. 저소득계층과 청년 집단도 괄목할 만큼 바우처 사용률이 증가했다.

민주주의 달러는 '민주주의 기본소득'이라고 부를 수 있다. 기본소득의 요건을 엄격히 갖추지는 못했지만 모든 유권자에게 보편적으로 제공하는 돈이기 때문이다. 민주주의 기본소득은 기울어진 민주주의 운동장을 바로잡아 다원적 민주주의에 이바지할 것으로 기대된다. 정치에 대한 유권자의 영향력이 동등해지도록 조정하고, 신생 정당과 풀뿌리 정치인의 등장을 돕기 때문이다.

게임체인저 '민주주의 기본소득'을 상상하자

한국에는 '깨끗한 정치 문화'를 북돋는 취지의 정치후원금 세액공제제도가 있다. 정당과 정치인에게 후원하면 세금을 덜어준다. 흔히 '10만 원 내고 10만 원 돌려받는다'고 한다. 그런데 이 제도는 상당히 차별적이다.

후원금 10만 원까지 전액을 세액에서 공제해주지만, 혜택을 받으려면 납부세액이 10만 원 이상 돼야 하기 때문이다. 소득이 면세점 이하거나 연말정산 대상이 아닌 국민은 소외된다. 혜택을 받을 수 있는 이들은 전체 유권자 4,400만 명 가운데 30퍼센트 정도다. 학생, 주부 등 비경제활동인구나 일용직 노동자는 쌈짓돈을 털어 정치 후원을 해도 혜택을 받지 못한다. 이 제도는 안정적인 소득원이 있는 국민만을 위한 것이다.

차별적인 정치후원금 세액공제제도 대신 민주주의 기본소

득을 도입하자. 기본소득당은 지난 대선에서 '기본정치후원금 도입'을 공약했다. 모든 유권자에게 매년 기본정치후원금을 1만 원씩 지급하고, 공직선거가 있는 해엔 선거당 1만 원을 추가 지급한다. 지난해처럼 대통령선거와 지방선거가 겹치면 3만 원을 지급한다(1+1+1). 돈은 정치 후원에만 사용할 수 있고, 시한이 지나면 자동 소멸된다.

예산은 거대 정당만 유리한 현행 국고보조금제도, 선거보조금제도를 개혁해 마련한다. 정치후원금 세액공제제도는 폐지한다. 국고보조금, 선거보조금, 선거비용보전금으로 거대 양당이 지난 3년간 받은 돈이 5,500억 원이다. 납세자 세금으로 거대 양당만 지원하고, 고액 후원자와 정규직 시민의 기부에 과하게 의지하는 현 제도는 근본부터 고치자. 그러면 모든 주권자를 위한 민주주의 기본소득을 설계할 수 있다.

소수 정당, 신인 정치인은 항상 자금 부족으로 허덕인다. 거대 정당은 '기본'만 해도 선거자금을 돌려받지만 소수 정당 정치인은 선거만 치르면 빚을 지기 일쑤다. 특히 진보정당은 그 지지자들도 사회적 소수자일 때가 많아 자금 마련이 더 어렵다. 정치자금 양극화는 유권자의 선택지를 획일화하고, 그럴수록 기성 정당은 국민의 눈치를 안 보게 된다.

민주주의 기본소득을 도입하면, 시민은 자신과 가치가 일치하는 신생 정당을 후원해 키워낼 수 있다. 기성 정당에서도 계파에 줄서기하지 않는 소신 있는 정치인이 유권자의 선택을 받아 성장할 것이다. 무엇보다 정당들이 돈 많은 이익단체나 대기업 대신 유권자의 눈치를 보고, 유권자가 바라는 정책을 만들기 위해 경쟁할 것이다. 이는 국민주권의 성숙으로 이어진다.

2023년 4월, 국회는 '19년 만의 전원위원회'를 열고 선거제개혁을 논의했으나 시민들의 무관심 속에 성과 없이 끝났다. 선거제도를 뭘로 바꾸든 '정치는 그들만의 리그'라는 불신부터 바꿔야 정치개혁이 성공할 것이다. 1인 1표를 동등하게 만들 게임체인저, 민주주의 기본소득을 실시하자.

〈2023년 5월〉

'쉬놀돌 시대', 기본소득이 있는 '주 3일 휴식 사회'로

호주 빅토리아주 로열멜버른공과대학에는 특이하게 생긴 기념탑이 있다. 기념탑 상단에 숫자 '888'을 조형해놓았다. 뜻을 모르면 고개를 갸우뚱할 것이다. '888'은 "8시간 일하고 labor, 8시간 쉬고rest, 8시간 여가를 즐기자recreation"를 뜻한다. 바로 '8시간 노동 기념탑'이다. 빅토리아주 석공노동자들이 1856년에 벌인 8시간 노동제 쟁취 운동을 기념해 1903년에 세웠다.

'888'은 19세기에서 20세기 초까지 세계 노동운동의 공통 구호였다. 살인적인 장시간 노동을 강요받던 시대, '888'은 인간다운 삶을 위해 하루 노동시간을 제한하라는 요구였다. 그

로부터 100년도 더 지났다. 지금 이 시대에 일하는 사람들의 목표는 무엇일까? 최소한 '888'보다는 한 발 더 나아가야 하지 않을까?

시대 흐름 거스르는 '주 69시간' 폐지 마땅

1930년에 경제학자 케인스는 '우리 후손을 위한 예측'이란 강연에서 "100년 뒤(2030년)에는 부가 충분히 증가했을 것이고, 주 15시간 노동이면 인간의 필요를 넉넉히 채울 수 있을 것"이라고 전망했다. 부의 증가에 대한 케인스의 예상은 이미 이뤄졌다. 지금의 부는 이미 전 인류가 인간답게 생존하는 데 충분하다. 그러나 노동시간 단축은 그의 예상처럼 성공하지 못했다. 꾸준히 진보한 것은 사실이지만 말이다.

프랑스는 1980년에 주 35시간제를 시작했다. 우리나라는 2004년에 주 40시간 노동제를 도입했다. 지금 주요 선진국들은 주 4일제를 실험하느라 바쁘다. 해보니 직원 만족은 높고 생산성도 하락 없이 유지되었다는 보고들이 나온다. 반면 한국은 아직 OECD 최악의 장시간 노동 그룹에서 빠져나오지 못했다. 선진국의 노동환경에 보조를 맞추려면 부지런히 노동시간을 줄여야 한다.

'69'란 숫자가 이런 흐름을 거슬러 느닷없이 나타났다. 윤석열 정부는 2023년 3월, 주 근로시간을 최대 69시간까지 늘리는 '근로시간제도 개편안'을 제출했다. 현 근로기준법은 주당 최대 52시간으로 노동시간을 제한하고 있다(40시간+연장 12시간). 정부는 이 개편안이 근로자와 고용주에게 '시간 주권'을 돌려주는 것이라고 설득한다. '바쁠 때 오래 일하고 나중에 많이 쉬는' 제도라는 이야기다.

그런데 노동자 입장에서 시간 주권의 핵심은 스스로 처분할 수 있는 시간을 늘리는 것이다. 그러려면 총 노동시간이 줄어야 한다. 반면 정부 개편안의 취지는 고용주가 사업상 필요할 때 노동자에게 장시간 노동을 시킬 수 있게 하는 것이다. 고용주의 시간 주권은 강화되나 노동자의 그것은 침해된다. 길게 일한 다음 그만큼 쉬면 되지 않느냐고? 노동자가 고용주에 대해 '을'이라는 점을 간과한 소리다. 결국 연장근무를 포함해 총 노동시간이 늘어날 공산이 크다.

정부는 노동시간 개편안이 청년 노동자를 포함해 광범위한 반대에 부딪히자 논의를 미루겠다고 한다. 미룰 게 아니라 폐기해야 마땅하다. 시대착오적인 '주 69시간'이 아니라 OECD

평균보다 연 300시간이나 많은 한국의 장시간 노동을 어떻게 단축할지 논의가 급하다.

시간 주권, 기본소득이 있는 노동시간 단축으로

노동시간을 줄여야 일과 삶의 조화를 추구할 수 있다. 4차 산업혁명 시대에 필요한 창의성은 몰입의 경험 위에 성숙하는데, 몰입을 위해선 시간 여유가 보장되어야 한다. 노동시간이 줄면 탄소발자국도 줄어든다. 스웨덴의 연구에 따르면, 노동시간이 1퍼센트 감소하면 에너지 사용과 온실가스 배출량이 각각 0.7퍼센트, 0.8퍼센트 감소한다.[59] 시민이 자발적 사회참여를 위한 시간을 많이 확보할수록 '사회적 신뢰'라는 보이지 않는 자본도 축적된다. 부모의 일하는 시간이 줄면 자녀의 학교폭력이나 유사한 문제들도 감소할 것이다. 미국의 연구에선 부모와 함께하는 시간이 많을수록 아이들이 마약 등 약물에 손을 댈 확률이 낮았다.[60]

노동시간 단축에 대한 공감은 분명 넓다. 정치권에서 주 4일제 정책이 나오고 일부 기업이 주 4일제를 시범 도입하는 것도 그 방증이다. 그런데 노동시간 단축의 걸림돌이 있으니,

소득 감소 우려다. 일이 줄어든 만큼 소득도 줄어버리면, 노동자들은 생계를 유지하기 위해 시간 외 근무를 하거나 '투잡'을 뛰어야 한다. 이상적으론 임금 삭감 없이 노동시간만 줄여야겠지만 중소기업과 영세기업은 그럴 여력이 부족하다. 소득이 같이 줄어버릴 바에야 노동자들은 차라리 현행 노동시간 유지를 바랄 수 있다.

따라서 노동시간 단축과 함께 소득 감소를 메울 방안이 꼭 필요하다. 바로 기본소득이다. 나는 지난 대선에서 기본소득당 후보로 '주 3일 휴식제'를 공약했다. 정책의 초점을 근무일이 아닌 휴식일에 맞춰, 누구든 주 사흘은 쉴 수 있게 하자고 했다. '주 4일 근무제'는 아무래도 대기업 정규직부터 혜택이 돌아간다. 반면 기본소득이 있는 주 3일 휴식제는 그가 프리랜서든 플랫폼 노동자든 자영업자든 상관없이 쉼의 권리를 보장한다. 참된 시간 주권을 돌려준다.

예를 들어 기본소득을 월 60만 원 준다고 하자. 이는 한국 근로자의 평균임금 5일 치와 비슷하므로 누구나 주당 1일씩 더 쉴 수 있는 여유를 얻는다. 또 기본소득은 노동의 대가가 아니라 무조건 제공되므로 그만큼 노동자가 일터에서 협상력을 갖는다. 갑인 고용주의 해고 위협에 덜 위축되고 권리를 주장할 수 있다. 이 역시 노동자의 시간 주권에 힘을 보탠다.

끝으로, 노동시간 단축은 가사·돌봄의 평등한 분담으로 이어져야 한다. 직장 일이 줄더라도 그만큼 '독박 돌봄'에 내몰리면 좋은 변화가 아니다. 사회학자 앨리 러셀 혹실드는 직장 퇴근 후 가정으로 '출근'하는 직장맘의 현실을 '두 번째 출근 second shift'이란 개념으로 표현했다. 따라서 노동시간 단축은 모든 사회 구성원에게 돌봄의 권리와 책임을 동등하게 분배하는 법제도, 규범의 변화와 함께 가야 한다. 물론 여기도 기본소득이 실마리를 준다. 기본소득은 사회든 가정이든 모두에게 협상력을 부여하는 수단이며 다양한 차이의 인정을 뜻하기 때문이다.

'888'이 말해주듯 19~20세기는 일, 휴식, 여가의 균형을 맞추는 것이 절박했다. 하지만 지금은 자동화로 생산성 혁신이 벌어지는 21세기다. 일의 비중을 더 낮추고 더 많이 쉬고, 놀고, 돌보는 시대로 가자. '쉬놀돌 시대'다. 그 시작은 기본소득이 있는 '주 3일 휴식 사회'다.

〈2023년 5월〉

내가 있습니다,
나를 보내십시오

영화《퓨리Fury》는 고장 난 탱크 한 대로 밀려오는 독일군을 막으려고 하는 미군 전차부대원들의 이야기다. 그들은 적군이 오기 전에 도망칠 수도 있었다. 하지만 자기들이 도망치면 아군이 기습을 당한다는 걸 알기에 열세에도 불구하고 최후의 결전을 선택한다.

적군을 기다리는 동안 죽음을 예견한 부대원들이 두려워하자 한 선임병이 "이런 때 떠오르는 성서 구절이 있어"하며 입을 연다.

그때 주께서 "내가 누굴 보내야 하는가? 누가 우릴 위해 가겠

는가?" 하시니, 내가 나서서 말하였다. "제가 여기 있습니다. 저를 보내소서."(이사야서 6장 8절)

그 말이 가슴속 용기의 불씨를 지핀다. 부대원들은 두려움을 이겨내고 싸움에 나선다.

'내가 가겠습니다'라는 결단은 비단 종교적 경험에 국한되지 않는다. 공동체에 위기가 닥칠 때, 내 이익에 앞서 모두의 안전을 위해 나서는 용기 있는 마음, 그것을 '사명감'이라고 부른다. 역사는 이름 없는 민초들이 지닌 사명감, 사명이 이끈 위대한 선택으로 진보해왔다.

이 책은 그 사명을 국가에 부여하자는 것이다. 주권자인 국민의 명령으로 말이다. 국민의 요청에 따라, 정부가 사명 지향 리더십을 올바로 발휘한다면 대한민국 대전환의 과업을 이룰 수 있다.

이 책에서 대한민국 대전환을 위해 무엇을 해야 하는지 제시했다. 정부 주도로 공공과 민간이 함께 앞으로 10년간 1,000조 원 규모의 전환 자금을 마련하자. 그 자금으로 탄소중립 녹색전환을 속히 달성하고, 글로벌 혁신국가로 도약하며, 국민부펀드를 만들고 온 국민 평생배당 사회를 실현하자.

또한 사명 지향 공공투자의 중요성을 여러 번 강조했다. 1,000조 원 수준의 획기적인 규모여야 글로벌 추격자에서 선도자로 변신할 수 있다. 경제와 산업의 전환기에 일시적 정부 부채 증대가 두려워 혁신 투자를 주저하는 건 어리석은 일이다. 역사적 분기점이 왔을 때 두려움을 이기고 '단계 뛰어넘기'를 시도한 나라들만 선진국이 될 수 있었다. 또 새로운 경제는 이익 공유 경제, 불평등을 줄이는 경제여야 한다. 그래야 지속가능할 수 있다. 공공투자가 혁신 성장을 이끌고, 혁신 성장의 성과가 시민배당으로 돌아오는 시스템을 설계하자.

국민의 이름으로 위정자들에게 대전환의 과업을 명령하자. 그리하여 정부와 국회가 사명 지향 리더십을 세워내도록 만들자. 나는 감히 희망하고 싶다. 사명이 있는 나라 대한민국이 저 거대한 도전들을 하나씩 헤쳐나가서, 우리 후손들이 대대로 정의롭고 행복한 사회에서 살아가기를 말이다. 이것은 우리가 함께 분투할 가치가 있는 비전이라고 믿는다.

이 책을 쓰기까지 많은 분의 도움을 받았다. 그중에도 박유호 기본소득정책연구소 수석연구원에게 특별한 감사를 드린다. 원고 집필에 필요한 자료를 찾을 때 큰 도움을 주었고, 산업정책과 기술혁신 분야에 관해 귀한 아이디어를 제공해주었다. 금민 정치경제연구소 '대안' 소장, 유승경 전 경기도경제과학진흥원장, 장홍배 기본소득당 용혜인 의원 정책보좌관에게도 깊이 감사드린다. 그들로부터 원고에 대한 전문적이고 통찰력 있는 피드백을 받았다. 그 밖에 이 책의 아이디어를 원고로 발전시키는 데 도움을 준 모든 분에게 감사드린다.

자기 미래에 고민 많은 청소년 아들과 딸, 그들을 돌보며 이 사회의 미래를 고민하는 아내에게 늘 고맙다는 말을 전한다. 내가 희망하는 미래는 바로 그들이 행복한 미래다.

1 오타 야스히코, 강유종·임재덕 옮김, 『2030 반도체 지정학』, 성안당, 2022.

2 2019년 7월 15일 문재인 대통령의 청와대 수석보좌관회의 발언.

3 대한민국 정책브리핑, 산업통상자원부, 2023. 2. 23.

4 홍종호, 『기후위기 부의 대전환』, 다산북스, 2023.

5 차정미, 「미중 기술패권경쟁에 대한 세계의 인식과 전략, 한국외교에의 함의와 의회의 역할」, 『국제전략 Foresight』 7호, 국회미래연구원, 2022.

6 그레타 툰베리, 이순희 옮김, 『기후 책』, 김영사, 2023.

7 Mariana Mazzucato, 『Mission Economy』, Harper Business, 2021.

8 곽재식, 『그래서 우리는 달에 간다』, 동아시아, 2022.

9 "'해의 신' 아폴로가 달 탐사에 나선 까닭", 사이언스타임즈, 2018. 11. 13.

10 Mariana Mazzucato, 앞의 책.

11 Mariana Mazzucato, 앞의 책.

12 이정동, 『최초의 질문』, 민음사, 2022.

13 이정동, 앞의 책.

14 이정동, 앞의 책.

15 이정동, 앞의 책.

16 2023년 5월 16일 윤석열 대통령의 국무회의 발언.

17 마이클 제이콥스·마리아나 마추카토, 정태인 옮김, 『자본주의를 다시 생각한다』, 칼폴라니사회경제연구소, 2017.

18 마이클 제이콥스·마리아나 마추카토, 정태인 옮김, 앞의 책.

19 마이클 제이콥스·마리아나 마추카토, 정태인 옮김, 앞의 책.

20 그레타 툰베리, 이순희 옮김, 앞의 책.

21 "2030년 국내 재생에너지 공급량, 기업 수요 절반만 충당", 한겨레, 2023. 3. 19.

22 홍종호, 앞의 책.

23 홍종호, 앞의 책.

24 『논어』「위령공편」37장.

25 홍종호, 앞의 책.

26 홍준희 외 전환성장연구회, 『전환성장을 생각한다 미래를 바꾸는 30가지 생각들』, 전환성장연구회, 2022.

27 홍종호, 앞의 책.

28 강남훈, 「탄소중립 달성을 위한 열 가지 제언」, 『탄소중립과 기본소득 토론회 자료집』, 사단법인 기본사회, 2023.

29 박승용, 「solar, wind, battery(SWB)로 탄소중립 가능성 연구」, 『에너지 포커스』 봄호, 에너지경제연구원, 2022.

30 장하준, 김희정 옮김, 『장하준의 경제학 레시피』, 부키, 2023.

31 Nicholas Stern and Joseph E. Stiglitz, 「Climate change and growth」, 『Industrial and Corporate Change』 Volume 32, 2023.

32 차정미, 앞의 보고서.

33 차정미, 앞의 보고서.

34 "반도체 경쟁력을 지켜라", 『나라경제』 5월호, 2023.

35 "김 총리 '국가R&D 성공률 98%? 쉬운 연구만 한 결과…통렬 반성해야'", 아시아경제, 2021. 12. 22.

36 조광래·고정환, 『우리는 로켓맨』, 김영사, 2022.

37 이정동, 앞의 책.

38 "기업 생존전략된 'RE100'…뒤처지면 수출 40%↓", KBS뉴스. 2021. 11. 30.

39 강남훈, 앞의 발표문.

40 마이클 제이콥스·마리아나 마추카토, 정태인 옮김, 앞의 책.

41 김병권, 『진보의 상상력』, 이상북스, 2021.

42 나원준, 「거시경제에 대한 네 가지 잘못된 생각」, 『인커밍』(기본소득 당 계간지) 봄호, 2023.

43 "세금이 안 걷힌다. 일시적인 위기가 아니다", 『시사인』 822호, 2023. 6. 20.

44 「우리나라의 정부지출 승수효과 추정」, 2019년 한국은행경제연구보고서.

45 Mariana Mazzucato, 앞의 책.

46 금민, 『모두의 몫을 모두에게』, 동아시아, 2020.

47 금민, 앞의 책.

48 2022 Sovereign Wealth Fund Institute.

49 오준호, 『기본소득 쫌 아는 10대』, 풀빛, 2019.

50 이한상, 「기본소득, 자본시장의 힘으로 해결하라」, 버핏클럽, 2021.

51 윤홍식, 「모두를 위한 소득보장정책」, 『성공한 나라 불안한 시민』, 헤이북스, 2022.

52 서정희·안효상, 「기본소득 구성요건의 위계화와 제도에 대한 판별」,

『비판사회정책』제73호, 2021.

53 아론 베나나브, 윤종은 옮김,『자동화와 노동의 미래』, 책세상, 2022.

54 김영순 외,『성공의 덫에 빠진 대한민국』후마니타스, 2022.

55 엘리너 오스트롬, 윤홍근·안도경 옮김,『공유의 비극을 넘어』, 랜덤하우스코리아, 2010.

56 케이트 크로퍼드, 노승영 옮김,『AI 지도책』, 소소의책, 2022.

57 필리프 판 파레이스·야니크 판데르보흐트, 홍기빈 옮김,『21세기 기본소득』, 흐름출판, 2018.

58 Norman Frohlich·Joe A. Oppenheimer,『Choosing Justice: An Experimental Approach to Ethical Theory』, University of California Press, 1992.

59 이태수 외,『성공한 나라 불안한 시민』, 헤이북스, 2022.

60 "학교폭력과 노동시간단축, 상관관계 있을까", 매일노동뉴스, 2012. 5. 22.

기타

지은이 **오준호**

제20대 대통령선거에 '누구나 나답게, 기본소득 대한민국'의 슬로건을 내걸고 기본소득당 후보로 출마했다. 현재 기본소득당 공동대표, 기본소득정책연구소 소장, 기본소득한국네트워크 운영위원을 맡고 있다. 서울대학교 국문학과를 졸업하고 진보정당에서 일하다가 논픽션 작가가 되었다. 4·16세월호참사작가기록단으로 활동하며『세월호를 기록하다』를 썼고, 기본소득 운동에 참여하여『기본소득이 세상을 바꾼다』를 썼다. 더 나은 사회를 위해 글과 말로 노력하다가 본격적으로 정치에 뛰어들었다. 그동안 지은 책으로『기본소득 쫌 아는 10대』,『부의 미래, 누가 주도할 것인가』(공저),『반란의 세계사』,『평등, 헤아리는 마음의 이름』,『소크라테스처럼 읽어라』,『2050 대한민국 미래 보고서』(공저),『노동자의 변호사들』(공저) 등이 있다.

사명이
있는
나라

발행일   2023년 8월 31일 (초판 1쇄)
            2023년 10월 5일 (초판 2쇄)

지은이   오준호
펴낸이   이지열
펴낸곳   미지북스
            서울시 마포구 잔다리로 111(서교동 468-3) 401호
            우편번호 04003
            전화 070-7533-1848   팩스 02-713-1848
            mizibooks@naver.com
            출판 등록 2008년 2월 13일 제313-2008-000029호

편집   서재왕
본문디자인   정연남
출력   상지출력센터
인쇄   한영문화사

ISBN   979-11-90498-53-1 03340
값   11,000원

블로그 http://mizibooks.tistory.com
트위터 http://twitter.com/mizibooks
페이스북 http://facebook.com/pub.mizibooks